曾国藩的朋友圈

庞剑锋 著

西苑出版社
XIYUAN PUBLISHING HOUSE
·北京·

图书在版编目（CIP）数据

曾国藩的朋友圈 / 庞剑锋著. -- 北京 : 西苑出版社, 2020.7（2022.1 重印）
ISBN 978-7-5151-0729-5

Ⅰ. ①曾… Ⅱ. ①庞… Ⅲ. ①曾国藩（1811-1872）—人际关系学 Ⅳ. ①K827=52②C912.1

中国版本图书馆CIP数据核字(2020)第093983号

曾国藩的朋友圈

ZENG GUOFAN DE PENGYOU QUAN

出品人	赵晖
责任编辑	陶永学 辛小雪
装帧设计	朱晓瑜
责任印制	陈爱华
出版发行	西苑出版社 XIYUAN PUBLISHING HOUSE
地址	北京市朝阳区和平街11区37号楼 邮政编码：100013
电话	010-88636419
印刷	天津雅泽印刷有限公司
开本	880mm×1230mm 1/32
字数	166千字
印张	8.25
版次	2020年8月第1版
印次	2022年1月第4次印刷
书号	ISBN 978-7-5151-0729-5
定价	56.00元

序 言

——移禀性 入好圈

剑锋的《拙诚之道》2019 年 12 月已出版，现在，他又写就《曾国藩的朋友圈》。承蒙剑锋信任，我有幸第一时间拜读了书稿。他再次嘱我写序，我深感荣幸！

熟悉剑锋的读者一定知道他对曾国藩和王阳明两位先贤的思想和功业有很深的研究和体会。我读到《曾国藩的朋友圈》之后，首先想到的问题是，关于曾国藩有那么多可以探讨的角度，为何剑锋在研究了曾国藩的思想之后，立即选择朋友圈这个角度去写第二本书？我的直觉是，他领导的浦来德资产管理公司正在迈上一个新的大台阶，他本人不仅需要从先贤的思想那里汲取投资方法论营养，也需要领导一个团队并把自己的投资思想有效而准确地付诸实施。我问剑锋，他果然是出于这样的考虑而写这本书的。可见，这本书是剑锋带着问题去研究曾国藩的朋友圈且有所收获后，分享给读者的体会。

从书中也可以看出，剑锋颇下了一番功夫，一些环节还通过多方面史料加以验证。比如，沈葆桢的种种牵绊，在极富有包容精神的曾国藩眼里都被说成“绝无良心科”的状元。这很让人不解。剑锋从李桓的叙述中发现沈葆桢屡屡截流曾国藩军饷的原因是“极欲自立门户”，在江西建立自己的军队。这是一个解释。剑锋自己也通过仔细分析沈的情况，给出了另外的解释，即沈素以其舅林则徐的刚直为榜样，可能从三观上就和曾国藩的拙诚格格不入。

这本书揭示的基本道理是，一个好汉几个帮，信将兵来邦将将。就是说，团队成员相得益彰，人尽其才。这也非常契合最近流行起来的网络分析。例如，原来经济学研究微观个体时的做法是，以一个典型主体代表所有的个体，假定他们面对某种情况时会做出一模一样的反应。东西涨价了，就少买点，在这个意义上，这种假定当然没问题。但现实社会中，既有许多人追涨杀跌，也有少数提前布局者坐看他们在追涨杀跌中替自己数钱。在人和人形成的网络中，有的节点对其他节点的影响大，有的影响可以忽略不计。所以，网络分析在包括经济学在内的多个学科中流行起来。比如，一个有名的分析是对美第奇家族如何利用自己在佛罗伦萨的社会网络助推文艺复兴的研究。中国几千年的历史，那么丰富的事件，如果学者用网络分析方法系统地梳理一遍，该是极其有益的工作。剑锋这本书可算是这方面的一个尝试。

读完这本书，我还有另外三个体会。

一、制度和人要适应

这简直是天底下最复杂的事情。好多制度经济学者强调，制度顺则诸事顺。这当然很有道理，但又不是绝对正确。

一来，正如钱穆在《中国历代政治得失》的序言中所写的那样，制度由人创立亦由人改订。

二来，制度的效果在一定程度上甚至很大程度上受到人的具体行动的影响。同样或者类似的制度下，人的实际行动大不相同。有人钻制度的空子，有人则弥补制度漏洞。制度的模糊空间被一些人用于开拓创新，而被另一些人用于为自己的懒惰、过失甚至恶意开脱责任。同样的制度下，即使是同一个人，可能也会因为时间和形势变化采取不同的行动。

三来，制度虽应相对稳定，但时势发生质变后，制度也得做出调整。单个人的人性通常比较稳定，但也会变，一定条件下甚至会大变。张献忠的队伍在四川杀人如麻，纳粹屠杀犹太人，这些作恶者肯定不是从小就这么下得去手，单独让这些作恶者中的某个人到一个环境下也未必这么下得去手。

所以，我觉得，带领团队做事情，最高境界也许不是设计出一套制度管完所有的事。相反，最高境界也许是全知全能的团队首领对每个成员的禀性了如指掌，因人设制度、定规矩。

有重大的例子可以说明这一点。军队里如果说只能有一条制度的话，那怎么也应该是严格执行上级命令。可是，按照茨威格在《人类的群星闪耀时》中的观点，拿破仑之所以在滑铁卢折戟，全赖其部下格鲁希严格执行追击普鲁士军队的既定命令，而在听到滑铁卢大战的炮声、甚至有将军提出回援建议后，也没有赶回滑铁卢去增援拿破仑。倘若伟大如拿破仑者能全知全能，给格鲁希这样唯唯诺诺、没有决断力、机械死板的人，下达“如果听不到滑铁卢炮声就追击、听到就回援”的命令，历史可能就会改写。

反过来，历史上灵活处事而砸锅的案例也为数众多，范蠡大儿子到楚国救兄弟的故事，就是其中之一。范蠡事后说自己早料到会是这样，但我觉得未必。否则，他为何不给大儿子下达“把信和黄金送达庄生后即刻返回、不得逗留片刻”的命令？所以说范蠡这么有智慧的人也有失算的时候。

可见，不幸的事实是，没有全知全能的首领能做到制度和人的绝对匹配。于是就找个折中，把好多事情用制度规定下来。但作为团队首领，一定要对制度的长处和短处保持清醒认识。即使是经过实践检验所形成的制度，也要和时势、办事的人相适应，把对的人放到对的位置上，让他办对的事。

看看，这的确是天底下最难的事情。但是，观察这天底下最难做的事，也有一些大致的规律。下面就是其中一条。

二、人以群分不含糊

观察现实可以发现，如果说在一堆互相开撕、互相倾轧的人当中，不排除出现一个统帅，拿得住众人，能在一段时期内做一些事情的话，牛人的朋友圈中能力不济的、滥竽充数的则不多。在牛人圈中没怂人这个意义上说，人以群分这一点是不含糊的。直接的原因是一定的制度把许多人挡在了圈子之外，更深层次的原因是互为圈子的牛人们在互动中逐渐订立了适合他们的制度。

博弈论分析某些现象时，有一种分离均衡，意思是通过设置一些门槛条件让博弈各方加以选择，选择门槛以下的人具有某种内在的不易直观观察的内在特征，比如没有进取精神；选择门槛以上的则积极进取。简单地说，就是我设条件察你言行，你做选择露你禀性。

日常生活中，我们自己无时无刻不在自觉与不自觉地设条件，也无时无刻不在做选择。于是，就形成了各自的朋友圈，是故人以群分也。能在曾国藩的家书、《清实录》《湘军志》

《清稗类钞》等书籍中体现出和曾国藩有密切关系的，实际上都是在各种具体事情中展现出过人能力、情商，能进入曾国藩朋友圈的人。

同时要知道，曾国藩一生接触过多少人，他堪称不拘一格用人才的典范了。曾国藩所接触过的人当中，未能进入他朋友圈的数量，应该远远大于进入朋友圈的。比如，李鸿章带来让曾国藩面试的三个人，最后就只有刘铭传一个进入曾国藩朋友圈。这三个想必也不是一般人，也是李鸿章从三十个甚至三百个中选出来的。这就表明，曾国藩有经天纬地之才，进入他朋友圈中的人，也都是某个方面非常杰出的。

大部分人心中应该都有加入牛人朋友圈、一起做大事的梦想。但是人以群分不含糊，加不进去怎么办？甘于现状吗？自暴自弃吗？下面的第三条是我的回答。

三、禀性难移也得移

对于一个正常心智的成年人而言，我觉得最不应该在心底冒出、从嘴里说出的是："我就这性格，你看着办吧！""我这人就这样，你怎么着吧！"这是典型的不想加入牛人朋友圈的想法和说法。要想加入牛人朋友圈，就别太以禀性难移为自己开脱，而应该努力提升自己。当然，即使提升了自己，能否加入牛人朋友圈，也要看运气，有一定不确定性。但不提升是绝对加入不了的，一时加入也会被踢出来。

剑锋看重王阳明的心性说，看重曾国藩的拙诚，我觉得这些首先且主要应该是自己进行内在修炼。如何修炼？

孔子说，三人行必有我师焉，择其善者而从之，其不善者而改之。孔子这样的人有资格认为堪为其师的人只占总人口的三分之一。于我而言，人人堪为我师。现实生活中，我欣赏所有人的好。这样做的考虑是，一来可以学别人身上的好以提升自己，学不来至少也可以知道什么是好的，以使自己不堕入坏的方向；二来，欣赏别人的好，是找到两人交集的前提。

这当然不是毫无是非观念，重要的是知道哪些是值得从的善，哪些是需要改的不善。我理解，天下人大致可分为三类，做正功的，做负功的，做零功的。做正功的，尤其是做大大的正功的人，值得我们全方位学习。做负功的人，甚至做大大的负功的人，有没有值得学习的地方？我认为有，应学习他们的办事能力，要知道，办坏事也是需要组织实施能力的。但不学他们的坏品德。

做零功的似乎没有任何特色，是否值得学？我觉得有可学之处。可学之处在于，当自己努力修炼之后由于运气不济而没有加入牛人朋友圈，或者自己修炼成效不大时，就请学他们做一个“积极的消极者”，即积极地做到人畜无害，不眼红、不嫉妒、不添乱，吃饱喝好，按时睡觉！

我相信诸位读者都能从曾国藩朋友圈诸人中找到值得自己学习的地方。如果立志于学习曾国藩，更牛！我申请加入你的朋友圈。

刘培林

（国务院发展研究中心研究员）

目 录
CONTENTS

第四章

不常联系的朋友

第五章

宽以待友

第六章

谨慎识友

第一章

肝胆相照的铁杆

综核之才，极合心者

胡林翼

字贶生，湖南益阳县人，晚清名臣。道光十六年进士，官至湖北巡抚，功德兼备，与曾国藩并称“曾胡”，是镇压太平天国运动的主要人物之一。谥号文忠。

胡林翼，字贶生，号润芝、润之、咏之，湖南益阳县人。在古代，成年男性的称呼分为四部分：姓、名、字、号。比如发明“东坡肉”的苏东坡先生，姓苏，名轼，字子瞻，号东坡居士。胡林翼改不了自己的姓，居然给自己取过三个号。曾国藩真正的“老铁”，就是这个胡林翼。如果说没有胡林翼的帮助就没有曾国藩的成功，这一点也不过分！胡林翼，就是曾国藩真正的“老铁”，或者说，是死党、知音、同盟！

（一）北京的交集

胡林翼是高干子弟，他的父亲胡达源曾任詹事府少詹事，官至正四品，岳父陶澍曾任两江总督近十年。胡林翼曾长期在岳父家生活，直到中进士、点翰林，然后去北京当官。生活环境优越的胡林翼自幼放荡不羁，挥金如土，“在江南幕中，常恣意声妓”。而同在北京为官的曾国藩属于比较老实、有点土的那种，所以在北京时，胡林翼和曾国藩交往不多。在道光二十一年（1841）七月的曾国藩日记中，胡林翼第一次出现。因胡林翼的父亲去世，曾国藩以同乡之谊前往吊唁，胡林翼送给曾国藩一部书，即岳父陶澍的文集。过了几天，胡林翼离开北京回乡守孝时，又送了曾国藩一些炕枕、炕垫等床上用品。因为守孝要二十七个月，胡林翼长期不住北京，便把书籍、日常用品等杂物送人了。为什么不带回湖南老家呢？古代的书籍，印刷成本高，还属贵重物品呢！回家路途遥远，损失想必在所难免。曾国藩每次搬家，总是大包小包，小心翼翼地都捆好，不舍得浪费。从中也可以看出，胡林翼办事豪爽，不拘小节。胡林翼送了这么多好东西给曾国藩，是否说明他对青年曾国藩有点好感呢？

之后，胡林翼就回老家守孝了。守孝完毕，胡林翼却滞留家乡，不肯来北京上班。原来，受到之前科场舞弊案的牵连，胡林翼被降级处分，从而感到仕途无望。他在家待着一直旷工，这怎么行呢？道光二十六年（1846），父亲的好友、两淮盐运使的但明伦派专差写信给他，催他去上班，并承诺帮他筹钱捐官，也就是花钱买官做。大学士潘世恩、陕西巡抚林则徐等人也纷纷来信，劝他出山。朋友的力量显示出来了，老师、前辈、朋友们很快凑齐了一万多两银子，给他捐了个知府。胡林翼再次来到北京，但主动要求去最艰苦的地方——贵州工作！

曾国藩对胡林翼的佩服可能从此开始了，有书信为证。道光二十六年七月，曾国藩在写给好友陈源兖和郭嵩焘的信中说，胡林翼来北京，住在郑小珊处。自己不花一分钱，那么多人帮他捐款，一呼百应，真是光芒四射的人才啊！

> 胡咏芝来京，住小珊处。将在陕西捐输，指捐贵州知府万余金之多。不费囊中一钱，而一呼云集，其才调良不可及，而光芒仍自透露，恐犹虞缺折也。

之后，曾国藩和胡林翼联系得非常少。直到咸丰二年（1852）末，曾国藩奉圣旨办团练，听说胡林翼在贵州剿匪颇有成效，于是在咸丰三年（1853）正月写信给胡林翼，请教剿匪的经验。之后，他们通信渐多。

（二）曾国藩帮助胡林翼

咸丰四年（1854）正月，奉湖广总督吴文镕的调令，胡林翼率六百黔勇，兴致勃勃地朝着武昌前进，抵达武昌附近的金口，即现在的武汉江夏区。真是天有不测风云，此时湖广总督吴文镕败死于黄州，太平军占领了武昌。胡林翼正准备投奔湖北按察使唐树义，可是，唐树义也自杀了。这下怎么办？胡林翼只好退回湖南境内，无依无靠，到底该投奔谁呢？这时，湖南、湖北地面上，只有曾国藩这支还算得上规模的"湘勇"了。六百名士兵没饭吃，"无饷、无夫、无火药锅帐"，胡林翼遂求救于曾国藩和湖南巡抚骆秉章。曾国藩与骆秉章商量后，给胡林翼的部队提供了粮食。同时，曾国藩上奏咸丰皇帝，将胡林翼留在湖南，收在麾下。胡林翼心里的一颗石头终于落地了！

咸丰四年四月之后，湘军势如破竹，很快收复了武昌、汉阳两镇。咸丰帝非常激动，下旨欲给曾国藩湖北巡抚的职位。不料，一位大臣说，曾国藩是在籍侍郎（也就是半退休状态），能一呼百应，恐怕不是什么好事。咸丰帝竟然再次下旨，撤销了曾国藩湖北巡抚的职位，给了他一个兵部侍郎的头衔。其后，兵部侍郎曾国藩奉旨继续带领湘军东下。同年十二月，曾国藩在湖口遭遇惨败。咸丰五年（1855）正月，太平军沿江而上，再次占领武昌。与曾国藩不同，胡林翼的高层关系处得好，深得皇帝信任。咸丰五年三月，胡林翼升任湖北巡抚，但是这个巡抚有名无实，因为省会武昌被太平军占着。

在夺回武昌、扫清湖北太平军方面，曾国藩给胡林翼帮了一个结结实实的大忙。咸丰五年七月，曾国藩的得力干将塔齐布在九江去世，内湖水师统领萧捷三在湖口阵亡，曾国藩手下能征之将只剩下罗泽南一部。太平军又大举进入江西，曾国藩的处境非常困难。此时，胡林翼的处境也很艰难，空有一个巡抚的名头，却连省会城市都被太平军占领。胡林翼来信请求曾国藩派罗泽南支援。此时，罗泽南也找到曾国藩，主动请求赴援湖北。罗泽南在自己最困难的时刻去投奔新晋巡抚，曾国藩心中难免有些不快，但考虑到武昌的重要战略地位，曾国藩最终还是批准了罗泽南的请求，不仅批准，还给罗泽南充实了一千多的兵力。罗泽南这支五千人左右的部队，具有超强的战斗力，是日后湘军中最勇猛的部队。从江西一路杀奔武昌，差点在战斗中牺牲的胡林翼终于在湖北立足下来。遗憾的是，咸丰六年（1856）三月，罗泽南在战斗中牺牲，由李续宾接替指挥。有了罗泽南的部队后，通过长壕战术，在咸丰六年年底，胡林翼最终重新夺回了武昌，在湖北站稳了脚跟。

以上，就是曾国藩帮助胡林翼的大致情形。帮的都是大忙，其中一个忙还是在曾国藩困难的情况下帮的。曾国藩付出了很多，也收获了很多，最重要的是收获了胡林翼这个真正的盟友。

（三）胡林翼帮助曾国藩

罗泽南走后，曾国藩有苦说不出。在江西，他兵微将寡，自己还只是一个在籍兵部侍郎，严格地说，是半个官方人员。他不是巡抚，没有权力调动江西的人事，自然也很难获取财政支持，所以四处掣肘，无法施展才华。此时的太平军又进攻猛烈，曾国藩的军事压力非常大。困顿江西的曾国藩非常郁闷。看到这种情形，曾国藩的弟弟曾国华、曾国荃主动出山，纷纷组织军队来救哥哥。

咸丰六年上半年，曾国华找到湖北巡抚胡林翼，要求带兵去江西救曾国藩，“倍道走武昌，乞师以拯兄难”。尽管此时胡林翼还没有拿下武昌，但是已经稳住了局势，获得了优势。于是，他慷慨地给了曾国华四千士兵，让其去江西。曾国华的部队于咸丰六年六月抵达江西高安，大大缓解了曾国藩的军事压力。不久，石达开离开江西回南京搞窝里斗去了，曾国藩终于舒了一口气。

咸丰七年（1857）二月，曾国藩的父亲去世，抑郁不得志的曾国藩不等皇帝批准就直接回家守孝了。这种行为，引得左宗棠的大骂。他说，你是不是出山带兵，我不知道；就算你出山带兵，凭你的本事，对国家大局能否有所帮助，我也不知道；但是你不待朝廷命令，擅自离军奔丧，则不符合礼仪，我就知道了，要批评！

> 老兄之出与不出，非我所敢知也；出之有济与否，亦非我所敢知。区区之愚，但谓匆遽奔丧，不俟朝命，似非礼非义，不可不辨。

别人也跟着起哄的时候，只有老朋友胡林翼理解好友的心情，没有加入批评的阵营。胡林翼多次强调，曾国藩有跟诸葛亮一样的功劳，却没有得到一个职位；有丙吉一样的善行，却还未到得到报答的时候。

> 有武侯之勋名而尚未得位，有丙吉之阴德而尚未即报。

曾国藩居乡期间，湘军军事进展非常顺利。初期，皇帝只准了曾国藩三个月的假期，但是曾国藩想起在江西的艰难日子，不愿再去江西，且有意谋求实权。但皇帝并未应允，反而同意他继续守孝的说辞。咸丰七年九月，湘军攻破湖口，内外江水师重新会合。胡林翼认为此时机会适宜，如果曾国藩一直在家待着，如何建功立业？于是便两次上奏皇帝说，外江水师由杨载福带领，内江水师由彭玉麟带领，这两位都是曾国藩“识拔于风尘之中”，现在内外江水师会合了，请让曾国藩出山，以统一指挥，“以一事权”吧。咸丰皇帝没有同意，并回复说，就让杨载福统领、彭玉麟辅助吧，曾国藩就让他守孝吧，“守礼庐出山不宜”！

求权失败的曾国藩后悔了，莫非就要这样终老山林？种种打击下，曾国藩越想越懊恼，脾气渐坏，还对家人发脾气。此时的曾国藩，“得不寐之疾”，失眠了。在湖北，胡林翼不屈不挠，仍为曾国藩的再次出山而努力奋斗着。咸丰八年（1858）初，石达开进军清廷重要财政来源地浙江。胡林翼又抓住这个机会，再次奏请说，太平军跑到浙江去了，追击的王开化、张运兰这些将领都是曾国藩旧部，没人统一指挥不好，就让曾国藩去统一指挥吧！咸丰皇帝环顾四周，确实没有比曾国藩合适的其他人选，终于同意再次起用曾国藩。曾国藩接到圣旨后，毫不犹豫地开启了复出之路。之后，曾国藩的传奇故事才有了下文。

曾国藩复出以后，皇帝一会儿让他支援浙江，一会儿让他支援福建，但是并没有给他巡抚或者总督的实权。曾国藩还是一个在籍侍郎，一个半官方半民间的人士。胡林翼看在眼里，痛在心里，一心一意要为曾大哥谋个好职位。咸丰九年（1859）秋，“离家出走”的太平军翼王石达开试图进军四川，把咸丰皇帝吓了一跳，赶紧发文讨论去四川的将领。胡林翼一看，机会又来了！胡林翼给湖广总督官文写了一封信，摆出 N 条理由，让官文向朝廷推荐曾国藩做四川总督。

> 频说官文合奏，请诏曾国藩援蜀，冀朝命以授总督。

但是咸丰皇帝不吃这一套，只令曾国藩入川带军，并不给总督之职。这样一来，曾国藩入川之后，还是“客军虚悬”，会被四川当地官员排挤的。于是胡林翼建议官文再次上奏，不让曾国藩入蜀，说安徽军事吃紧，让曾国藩留在湖北，与胡林翼合军一处，共同收复安徽。官文很配合，皇帝同意了。这之后，曾国藩的事业才开始顺利一些。据《能静居日记》记载，曾国藩对幕僚赵烈文回忆道：“八年起复后，倏而入川，倏而援闽，毫不能自主。到九年与鄂合军，胡咏芝事事相顾，彼此一家，始得稍自展布以有今日，诚令人念之不忘。”

合兵之后，胡林翼是如何帮助曾国藩的呢？鲍超在咸丰三年就参加了湘军，咸丰六年被胡林翼提拔，之后长期在胡林翼的指挥之下。咸丰十年（1860）曾国藩担任两江总督后，曾向胡林翼借鲍超部队进军江南，胡林翼欣然应允。而骆秉章向胡林翼借兵，胡林翼却未同意。鲍超是个大老粗。重新回到曾国藩麾下，习惯了胡林翼指挥的鲍超对曾国藩的管理有些不适应，可能还有些不爽。咸丰十年，英法联军进抵北京城下。将军胜保奉命勤王，向皇帝指名要调鲍超归他指挥，北上勤王。鲍超听到这个消息很高兴，但曾国藩不愿意放鲍超走。于是，鲍超征求胡林翼的意见。胡林翼十分生气，写信给鲍超说，曾大帅和我都知道，胜保专门喜欢折磨好人，你跟着他，肯定被折磨死，还得不到功名……曾大帅待你的恩情，是天地父母的感情啊！

涤帅（曾国藩）与兄（胡林翼）深知其（胜保）为人忮忌贪诈，专意磨折好人，收拾良将。弟（鲍超）若北援，无论南北风气异宜，长途饷项军火，无人主持，且必为磨死，而又不能得功名也……以兄与涤帅若能北行，则所带将士或不致十分饥困，亦不致受人磨折也。弟若知涤帅此次之恩，弟且感激流涕之不暇。涤帅待弟之恩，是天地父母之恩也。

之后，鲍超老老实实地跟着曾国藩，立下了赫赫战功。

胡林翼之所以如此帮助曾国藩，除曾国藩之前帮助过他以外，还有一个重要原因，那就是曾国藩的人格魅力。有些人帮助了别人，总是自鸣得意，经常提起，怕别人忘记了自己的功劳，而曾国藩不是这样的。曾国藩让人感觉很真诚，所有的帮助都是出自真心。胡林翼对别人说，曾公的真诚是出于天性，所以感人至深。

吾于当世贤者，可谓倾心以事矣。而人终乐从曾公，其至诚出于天性，感人深故也。

咸丰十一年（1861），咸丰皇帝在河北驾崩之后不久，胡林翼也因病去世了。曾国藩在家书中悲痛地说：“从此共事之人，无极合心者也。”同年八月，湘军攻克安庆，从此扭转了整个战局。曾国藩深情地回忆道，安庆会战围点打援的谋划完全是胡林翼提出来的。

> 楚军围攻安庆，已逾两年，其谋始于胡林翼一人。前后布置规模、谋剿援贼，皆胡林翼所定。

俗话说，一个好汉三个帮。很多有成就的人，他们之所以取得成功，除了他们自身拥有超凡的能力之外，也离不开他们周围拥有一批铁杆朋友的大力帮助。同样，曾国藩之所以能靠镇压太平天国发迹，也离不开像胡林翼这样的铁杆好友的鼎力帮助。亲爱的你，有没有真正的老铁朋友呢？

说话之道

李鸿章

字少荃，安徽合肥人。曾国藩亲授弟子，晚清淮军和北洋水师的创始人及统帅，洋务运动的主要领导人之一。“晚清中兴四大名臣”之一。谥号文忠。

美国成功学大师卡耐基说，一个人的成功，15%取决于知识和技能，85%取决于沟通——发表自己意见的能力和激发他人热忱的能力。有一些人技术过硬，但跟人交流的时候经常能把“天”给聊死。沟通不到位，全部都白费。受欢迎的聊天高手往往有以下特征。

（一）有话可聊

在晚清成功人士曾国藩的日记里，出现频率较高的词语是什么？根据不完全统计，除了“清理文件”和“饭后”，竟然是“鬯谈”！鬯谈就是畅谈的意思，读音也一模一样。别看曾国藩的照片那么严肃，其实那都是假象，人家爱聊着呢！

他的学生李鸿章也特别爱聊。这两人一见面，一个射手座，一个水瓶座，经常促膝而谈。咸丰八年（1858）十二月，李鸿章投奔已经有六年没见过面的老师曾国藩。曾国藩在日记中记载，李鸿章还没来，他就已经兴奋得搓着大手，期待着一番“鬯聊”了。

> 闻李少荃已过广信，即日将来营会晤，为之欣喜。

终于，“少荃于初十来营”，当天就“与少荃、壬秋谈至三更”。接下来一周的时间，几乎天天谈，不是“鬯谈”就是“熟叙”，或者“久谈”。两人连谈五天。真有这么多话好聊吗？

预热了一周，当月十九日，曾国藩就把写公文的重要工作交给了李鸿章。白天说完工作，晚上还继续畅谈，这聊天时长真让人甘拜下风。

> 又令少荃写二信，一与霍（山）县令，一与六安团总……夜与少荃、次青鬯谈。

这年的大年三十，李鸿章也没回老家（老家已经被太平军占领了），和曾国藩的众幕僚一起吃了年夜饭。一部分人吃完饭各回各家，李鸿章不属于这部分，而是属于继续聊天的部分。“与次青、少荃、仙屏、筀陔同吃年夜饭，酉刻散。与少荃等久谈。”这师徒俩跨年聊人生，境界就是高！

第二天是咸丰九年（1859）正月初一。两人可能嫌昨晚聊得不够深入，继续“久谈，论办事大局”。更过分的是，当天晚上两个人还 “谈至四更”，也就是凌晨1点到3点。看这架势，两个人应该是睡在同一个房间无疑了！结束的情形想必是这样的：李鸿章一个人在说话，说着说着没听到回应，叫声“老师，老师？”然后自己也打起了呼噜。

那个年代，没有电脑没有手机，上网还得140年后，几个大男人吃完了饭，除了看书大概也只能聊天了。就这样，在两个人经常的“久谈”“鬯谈”中，过了一年多。到了咸丰十年（1860）四月底，在安徽宿松县的曾国藩收到署理两江总督的圣旨。为了向朝廷表明进军两江（包括现在的江苏、江西、安徽、上海）的诚意，曾国藩准备把大本营往东边挪一挪，到祁门县去。

同年六月初五，湘军将士们早早地起床了，往祁门方向行军。走了四十里地，到了现在安徽东至县的一个叫“沙滩”的地方(现在的官港镇附近)。行军任务完成了，士兵开始扎营，挖沟筑墙搞建设。这节奏符合曾国藩向来的老成持重的风格。士兵们扎营做饭，曾大人干什么呢？勤奋的他“旋清理文件”。文件清理结束，考虑到当时太阳紫外线还比较强，便拿出一本《礼记》，温习了一遍《檀弓上》这篇文章。

看完了书，大约下午五六点钟。这个时候不晒了，就可以出去走走。约李鸿章去溪边竹林走走是个不错的主意。小李随约随到，师徒俩边走边聊，累了，没带凳子，干脆直接坐地上，“与少荃席地而谈”，一边聊天一边拍着鞋子上的蚂蚁。竹林茂密，凉风习习，溪水潺潺，不知不觉时间过去了三四个小时。两人一直聊到月亮升起，总算看不见蚂蚁了，才站起来，拍拍衣服，抖落一身尘土，披着竹林间的月光打道回府，“月上方归”。够浪漫吧！

这天曾国藩心情很好，凉快得忘了什么季节，“忘乎其为初伏天气也”。当然，由于竹林里蚊子数量多、个头大、行动拙，两人胳膊上腿上的包还是挺多的。

人生需要一场说走就走的旅行，也需要一场说聊就聊的“邕聊”。怪不得他们关系这么好！谈朋友，谈着谈着就是好朋友。不是吗？

（二）聊天场地不拘一格

在现代社会，电梯里，走廊里，食堂里，办公室里，爱聊天的人可以随便在一个地方展开话题，不必等到天时、地利、人和都齐备了才可以聊。不爱聊天的人可能觉得电梯太闷不适合聊天，走廊可能被偷听不方便聊天，食堂里太嘈杂也不适合聊天……不过环境因素对曾国藩与李鸿章这一老一少来说，似乎没什么影响。

除了上文所说的在饭桌上、卧室里和竹林下，让我们看看曾国藩和李鸿章这对聊友通常还在哪里聊。

咸丰九年八月初六，“登岸散步，行半里许，天气甚热，与少荃露坐久谈”。“露坐”也就是露天闲坐的意思。这次他们在岸边散步，没准从二等座“地上”升级为一等座“石头”。

咸丰九年九月二十五日，曾国藩与李鸿章一起去湖北黄冈一带，“上水逆风，二更始到。谈至四更睡，竟夕不能成寐”。这次是在船上聊，聊到四更，整晚睡不着，可能这回船摇着摇着，李鸿章先睡着了。

还有一次运气比较好，找了个聊天的绝佳场所：河边凉亭。咸丰十年五月十六日，“夜与李小泉、少荃在船尾亭上畅谈”。一边看风景，一边聊天，这山，这水，还有晚风习习。羡慕！

除了船尾，楼上的风景也很好，咸丰十年六月二十三日，

“夜，又与少荃、牧云在楼上畅谈”。这次是跟李鸿章、欧阳牧云（曾国藩的大舅子）一块在祁门山区的楼上聊。两个人这么能聊，除了生来的默契，还有宿命般的相遇啊！

（三）无所不谈

灵魂伴侣之间，不仅聊天地点随意，各种话题也能随意展开。这个特点其实不用讲也知道，既然能聊很久，那么聊的内容范围肯定很宽，不然哪里聊得下去。聊天高手的知识面都要很广，别人抛出什么问题他都能接下。

曾国藩与李鸿章这对聊友的话题跨度也不小。上文提到的咸丰九年正月初一那天聊到四更的晚上，他们聊的是“办事大局”，属于做事方法论的范畴。

咸丰九年和咸丰十年期间，李鸿章是曾国藩的大秘书，在书写公文这些业务上肯定是要聊的。咸丰十年七月初一，“夜与李少荃商改折稿事，以此折甚有关系也”。

两个人都是考过进士的，肯定也要谈谈文学和哲学方面。咸丰九年九月十六日，“旋与少荃论《庄子》”。

清廷给发了工资，肯定也要帮清廷解决问题，也要聊当时的军事形势。咸丰九年十二月初二日，“夜与作梅、少荃久谈，是日少荃自太湖归，说太湖诸军形势甚详”。

国家大事要操心，自己的事业也很重要。咸丰十年三月十九日，“旋写少荃核保举单……夜与少荃论居官身世出处之宜。渠新放福建道，无缺可补，进退颇难自决也”。这次聊的是李鸿章的职业规划。

除了个人与工作的事，曾国藩与李鸿章也聊家事。咸丰八年十二月十四日，“与少荃畅谈一切。夜与少荃熟叙，日内心绪烦恼，思念六弟三河之变，复思念家中，不能作一事”。这李鸿章才来没几天呢，就把家里事跟他讲了。当一个人对别人聊家事的时候，就说明对这个人比较信任了。

这真是什么都能聊上几句，李鸿章什么茬都能接，智商情商高不高？有些人不会聊天，就让人感觉无趣，就算是用微信聊，有时候就只能发个表情包，希望早点结束话题。不过会聊天不意味着话多，也不一定是奉承。李鸿章作为聊天高手的关键是总能聊到点子上。

（四）谈到点子上

谈话谈到点子上就像挠痒痒挠到痒处。目前中国最会聊天的企业家，大概非马云莫属。2018 年，在全球女性创业者大会上，马云表示，自己希望下辈子能够做个女人。2019 年他除了重申这句，又加了一句：“未来的世界，婚姻的决定权在于女性，不在于男性。”马云还拿出淘宝数据来支持他的观点：男生对“粉底遮瑕膏”“睫毛膏”的购买量比去年翻了一倍。“所以男人们如果不努力让自己更美好、让自己更有教养、更有修养，那么将来很难入女人的法眼。”不得不说，马云的嘴皮子真厉害，聊到了女人心坎上。

三言两语就能聊到点子上，在这方面，李鸿章也很有一套。咸丰十年四月，太平军第二次攻破江南大营，开始顺着长江西征，兵锋直指武昌。而此时曾国藩的湘军正在围攻安庆。要不要撤了安庆的兵力，去营救武昌呢？五月初十日这天，曾国藩与重要将领李续宜（李续宾之弟，时任安徽按察使）讨论了四个小时都没结果，“与希庵熟论安庆、桐城两军应否撤围，约沉吟二时之久，不决”。

太平军这招其实是围魏救赵。一般来说，应对这种情况，要看看被围的地方重要不重要，撑不撑得住。假如撤了安庆的围，赶往武昌，而武昌压根没危险，安庆这边不就前功尽弃了吗？当时连电报都没有，不能打个电话给胡林翼问问武昌那边到底撑不撑得住。更不能发个微信问问太平军的陈玉成，“哥们你到底带了多少兵啊？”当然就算有微信，也可能是在对方的黑名单里面。当时所有的信息都是靠前线的探马来报。搬到一个小屋子里后，两位军事领导就有限的信息进行讨论，在高度不确定的情况下决策，确实有点闭门造车的味道。难怪曾国藩“熟论”了四个小时都没结果。四个小时，什么食物放在高压锅里都能煮熟好几回。

不管怎么样，先吃饭吧。吃完饭，曾国藩召开了众幕僚都参加的湘军领导扩大会议。李鸿章才说了几句话，就化解了曾国藩的困惑。厉害了，我的少荃！真应该早点让你参加讨论会，曾国藩想着。他猛地拍了下大腿！结果坐在旁边的李鸿章跳了起来："老师您拍错大腿了啊！"曾国藩老脸一红："不好意思不好意思，一激动拍错了。"这几句台词当然是推测啦。事实是，《曾国藩全集·日记》中记载："中饭后得少荃数言而决。"

李鸿章果断的性格和曾国藩的儒缓性格正好形成了互补，这可能也是他们很聊得来的原因。好朋友往往不是和自己最像的人，而是和自己最互补的人。

在一年后的某次聊天中，也是半夜三更，李鸿章趁着曾老师的心扉敞开，当面点出了曾老师的儒缓缺点，"论及余之短处，总是儒缓，与往年周弢甫所论略同"。能直言规劝，还能说到点子上，李鸿章是一位明智的诤友。

和别的秘书相比，李鸿章是一个拥有双重功能的秘书，既能做好工作，也能聊好天，所以他能成功也不奇怪了。

（五）能聊天，能办事

当然，只会聊天就成了空谈。毕竟卡耐基说了还有 15% 属于知识与技能，只会聊天不够，还要懂点什么才能成事。李秘书的撒手锏是文笔特别好，是写文章的高手，放到现在可能会入知名畅销书作家前十名。所以他对曾国藩也有明确的价值。《庸庵笔记》记载，曾国藩对人说，李鸿章的天赋最适合写公文了。

> 文正谓之曰："少荃天资于公牍最相近，所拟奏咨函批，皆有大过人处，将来建树非凡，或竟青出于蓝，亦未可知。"

因为李鸿章公文写得好，他离开一会儿，曾国藩就觉得很苦恼。你快回来，我一个人太忙太苦了。咸丰十年七月，曾国藩在家书中记录："公牍之繁，深以为苦。节后少荃赴淮，仅余一手为之，则更苦矣。"

平心而论，李鸿章的文笔真心不错。"一万年来谁著史，三千里外觅封侯。"据说这句就是他当年进京赶考时写的诗，真有一种光明磊落、气宇轩昂的风采！

看过《西游记》的读者都记得，孙悟空的两个师弟经常喊话："大师兄，师父又被妖怪抓走啦。"然后老孙就去想方设法救唐僧。但是老孙和唐僧聊不来，不像李鸿章和曾国藩那么默契，经常被唐僧惩罚。所以会办事有时也不够，还得会聊天。

（六）会聊天的人运气不会太差

从一个人的谈吐可以看出他的思想，从一个人的办事方面能看出他能力的高低。从咸丰二年（1852）到咸丰八年，曾国藩和李鸿章有六年没见过面。接触一年半的时间后，曾国藩觉得李鸿章可以当巡抚，这除了李鸿章本身能力出众外，还与他会聊天有关，可谓有自己的说话之道。咸丰十年七月初三日，曾国藩上疏皇帝，想提拔李鸿章做封疆大吏，可惜没被批准。不过能让曾国藩夸上一句“才大心细”也是值当了。

> 该员劲气内敛，才大心细，与臣前保之沈葆桢二人，并堪膺封疆之寄。而李鸿章研核兵事，于水师窾要，尤所究心。

除了会聊天会办事，李鸿章和曾国藩的师生关系可能也是李鸿章被提拔的原因。李鸿章的父亲李文安和曾国藩是同年考进士的同学，所以李鸿章是曾国藩的“年家子”。据清代黎庶昌的《曾国藩年谱》记载，道光二十五年，李鸿章正儿八经地向曾国藩递过门生帖，属于正宗的师生关系。古代的一个老师所带的学生并不多，师生关系还是难得的。

道光二十五年九月，合肥李公鸿章，本年家子也，中甲辰科举人，是年入都会试，受业公门。公大器重之。

道光年间，曾国藩在北京的主要聊天对象是郭嵩焘、刘蓉等。郭嵩焘、刘蓉前期在官场上并不顺利，后来二人都坐到了巡抚的位置，除自身能力外，与曾国藩的支持也不无关系。李鸿章在湘军大营的时候，曾国藩还有一个比较重点的聊天对象是周弢甫。周弢甫的性格过于激烈，经常得罪人，但是受到曾国藩推荐，去上海筹粮饷了。同治元年（1862），李鸿章去了上海，曾国藩的主要聊天对象又成了赵烈文。赵烈文号能静居士，著有《能静居日记》，他不太热衷于功名，不过还是被曾国藩推荐为知府。

总之，这些人作为曾国藩曾经的主要聊天对象，最后都凭借自身的能力和会聊天的特点取得了不错的成就。

究其原因，说话之道是开启他们事业生活的金钥匙。聊天，能暴露一个人的学识，能折射一个人的品质。这种聊天，不是花言巧语和你吹我捧，而是真真实实地心灵交流。曾国藩清楚他们的品质，了解他们的能力，才会去支持、举荐他们。

烈士肝肠名士胆

彭玉麟

字雪琴，湖南衡阳人，晚清湘军将领。清朝著名政治家、军事家、书画家。为人刚正不阿，谥号刚直。

彭玉麟，字雪琴，生于1816年，湖南衡阳人，是湘军中最具传奇色彩的将领。他的事迹如果拍成一部电视连续剧，想必是精彩绝伦。他是湘军中换工种最多，最淡泊名利，同时又是最刚正不阿、嫉恶如仇的人。团队里这样的人，往往是很有能力的人，也是最难被驾驭的人。曾国藩评价他“烈士肝肠名士胆”，他当之无愧。

（一）书记员

彭玉麟的父亲在安徽合肥的梁园镇做低职位的公务员——巡检，即巡逻队长。在父亲的熏陶下，聪明的彭玉麟习得一身好武艺，也读了几年书。后来不知道什么原因，父亲辞职了，回到老家——今衡阳市衡阳县的渣江。十五周岁那年，彭玉麟的父亲去世，几个没良心的族人欺负孤儿寡母，抢了他们的田产。走投无路之际，读过书的彭玉麟费了一番周折在衡州（今衡阳）的军队里找了个“书识”的工作，即临时性文字秘书，属于合同工，还不算在体制内。他靠这么一份工作养他的母亲。

《清史稿》记载：“玉麟年十六，父卒，族人夺其田产，避居郡城，为协标书识以养母。”这里的“协标”就是清代军事长官的副将。

（二）兼职跳大神

“儿啊！你好好读书，考取功名，我们就不用受人欺负了。”为了不受人欺负，彭玉麟下班后还背个书包去石鼓书院上培训班，勤工俭学，希望有朝一日可以考上秀才。在书院里，彭玉麟认识了一个意气相投的叫萧满的大龄同学。萧满同学多次没考上秀才，已经是中年人了，竟有个特殊的爱好——跳大神，而且总是要拉上好朋友彭玉麟。跳大神需要有人扮演被神明附身的角色，通过写字以传达神明的想法。萧满负责烧符纸召唤神仙，彭玉麟负责写字，写的倒不是神灵的旨意，而是彭玉麟自己想的，往往能写到客户的心里去，看来彭同学对心理学也颇有见解。时日久了倒还出了名，有来问吉凶的，有来问治病的。古人缺乏科学知识，相信有鬼神的存在，碰到事情往往想找个心理寄托。儒家思想是统治者和少数读书人的知识，不够简单易懂，对普通群众缺乏吸引力，于是宗教和巫师就填补了普通人的饥渴心灵。利用这种心理，彭同学和萧同学的本意是通过迷信的方式来扶弱抑强，没想到业务很忙，生意太好了经常没空闲。

> 徐珂《清稗类钞》记载：“彭刚直幼时读书于衡阳之石鼓书院，有萧满者……其扶箕也，必与刚直俱。满仅能焚符召仙，而运笔于沙盘作字，则皆刚直为政。其言乃刚直自以意为之，然往往曲中问者之意，刚直亦不知其所以然也。久之，名颇著，有问休咎者，有以病求方者，几无虚日。”

彭玉麟应该懂一些医学知识，通过跳大神还真给人治好了病。有个老干部非常恭敬地为他儿媳妇求医，彭玉麟和萧满表演了一番后，提笔写下“无端恶疾到心头，老米陈茶病即瘳。持赠与君惟二味，会看病起下高楼”。也就是说，让人喝点老米汤和陈茶。也可能是安慰剂的作用，老干部儿媳妇的病还真好了！萧满越来越自信，倒是彭玉麟认为只是运气好。看来跳大神不仅要有演技还要会写诗，不是一般人能做的职业啊。

有一次，萧满慌慌张张跑去找彭玉麟，说是县城里有个书店的老板娘被附身了，萧满完全没办法，施了个驱鬼术还被老板娘用石头砸得脑袋都快开花了。彭玉麟想着，我跳跳大神还可以，叫我驱鬼我哪行，但是拗不过萧满，就去了。路上萧满说这个老板娘老是从楼上扔石头下来砸人，书店里的书也被她毁坏了，别的东西也被她砸得七七八八，堪比地震现场。一个月以来都没人敢去书店，来往的人也很困扰。听着听着，满怀正义之气的彭玉麟就忍不住了，这大白天的就敢这么嚣张，我一定要把这鬼怪灭了。本来是不愿意去，现在直接跑着过去，萧满赶紧在后面喊着还有话没说完。彭玉麟疑惑他想说什么，没想到这个胆小鬼说了句“两人偕往，气稍壮耳”。彭玉麟头上估计有三条黑线垂下来，怒说我怕个啥！到书店门口，彭玉麟直接敲开书店的门，进去之后，书店主人问他干什么，他只是说：“来驱妖耳。”然后把帽子脱了露出头顶，望着楼上说道：“妖能飞石击人，何不敲吾头。若不能者，吾且登楼，碎汝躯，拉汝干。”没想到楼上一点声音都没有，大家都很惊讶，“连呼不已”，萧满到了之后开心地说有胜算了，赶紧上去。两人一起上去后，看到书店老板娘正躲在床帐中，抓着床帐不放手。彭玉麟叫老板拉开床帐之后，老板娘就拿被子蒙头，跟见了鬼一样。到底谁是鬼啊？于是萧满和彭玉麟开始了他们的表演，又是画符又是灌符水的。彭玉麟神秘地写了个方子给书店老板，“略用丹砂镇心、茯苓安神之品”，之后就走了。第二天一问，老板娘已经痊愈了。看来彭玉麟还真有两把刷子，表演得太好，客户都相信鬼怪已走，心里踏实了。

（三）遇到贵人

虽然只是临时工，但是彭玉麟干得好，文章也写得不错，幸运地被知府高人鉴发现了。所以说人不但要有才华，有时候还需要点运气。高人鉴果然人如其名，善于相面鉴别人才，他觉得彭玉麟天庭饱满，文笔秀美，是个可塑之才。有一天，高知府找他谈话，让他不要去石鼓书院了，干脆来巡抚衙门读书，毕竟衙门的师资实力比外面的培训班强多了。得到了在重点学校旁听的机会，彭玉麟非常感动。

知府高人鉴见其文，奇之，招入署读书，为附生。

衡阳这个地方不算大，但是去考童生的也有一千多人，竞争挺大的，想要考中并不容易。考过了县试、府试才被称作童生，童生参加院试合格之后才是秀才。在县试的时候，彭玉麟得了第三名。县令找他谈了一次话。县令说，小彭啊！论文学修养呢，你是第一名，让你做第三名是知府的意思，这锅我不背。你在高知府府上读书，大家都知道。如果让你得第一，人家还以为你走后门得来的，是暗箱操作。高知府说你以后的人生不可限量，得第一和第三其实也没区别，但不要让这个成了你人生的污点。

> 朱孔彰《中兴将帅别传》记载："彭某异日名位未可量，然在吾署中读书，若县试第一，必谓明府推屋乌之爱耳，是其终身之玷矣。"

高人鉴绝对堪称心理学大师。自己是什么样，这很重要；在别人心目中自己是什么样子，这可能更重要。毕竟人言可畏。虽然彭玉麟没有作弊，但是人民群众一旦认为彭玉麟作弊，也会众口铄金，积毁销骨。慧能大师说过，风动，幡动，都不重要，重要的是心动。彭玉麟听了高人鉴的话觉得很有道理，再次表示感谢。

这个时候的彭玉麟没钱没地位，只能在心里默默感谢，等到彭玉麟飞黄腾达了，才有了物质上的感谢。高人鉴的儿子高若孙不爱读书，喜欢赌博，不能继承他的家业，彭玉麟就挑了块地建了个超级豪华大别墅给高若孙。这高人鉴给子孙积的德真的够厚重了。

> 葛虚存《清代名人轶事》记载："高致仕后，子若孙倦读淫博，不能世其家业；而彭已贵，为择地筑园墅报之。即今高庄是也。"

（四）初立军功

《清稗类钞》记载，有一天，经常跳大神给人治病的彭玉麟自己生病了，想着想着悲从中来，叹息说，死在床上哪里算个大丈夫！今年肯定要死了，干脆死个好地方吧！然后垂死病中惊坐起，彭玉麟就从了军，没想到无心插柳柳成荫，还立了功。

> 一日，忽大病，自抚膺曰："死于枕席，岂丈夫哉！我今年必死，顾可不觅一好死所乎？"遂从军。

道光末年（1850），湖南新宁有一个叫李沅发的起来造反，清廷派协标兵去讨伐。彭玉麟跟着大军在金峰岭打仗，一个擒拿手把李沅发摁倒在地，绑了。厉害啊！身手这么好，别人都以为他是个武官。论功行赏的时候，总督就以为他是武官，想要提拔他。可能他觉得武官没意思，就不干了。

《中兴将帅别传》记载："道光末，新宁民李沅发反，发协标兵捕讨；公从大军战金峰岭，擒李沅发。上功，总督误以为武生也，拔补临武营外委，赏蓝翎；公辞归。"

（五）转型仓储管理员

那是彭玉麟第一次辞职，以后读者会发现，辞职是他的第一大爱好。为什么辞职，他自己没说过，可能说过了，也没人给他记下来。从资料上来看，很可能是这件捉拿匪首的事让彭玉麟有了点名声，被一个当地富商看中，请去当仓库管理员了。别小看这个仓库管理员，这可是当铺的仓库，是当时金融机构的核心部门。责任重大，工资高，年收入几百两银子，是普通工薪阶层年收入的好几倍。这么一说，彭玉麟还曾是我们金融业的同行了！

《中兴将帅别传》记载："衡有富人启质库于耒阳，请公董理之；岁入数百金，悉以周人之急。"

据《中兴将帅别传》记载，在耒阳的时候，金领阶层彭玉麟还干了件大事。太平军从永安打过来，直逼耒阳。彭玉麟就跑去问耒阳的县令想怎么办。县令表示，没兵又没钱我也没办法啊！我能怎么办，我也很绝望。彭玉麟就说，城里的百姓都是兵；我上班的当铺仓库里还有几百万呢，都是钱。看来彭玉麟对百姓很有信心，对能从老板店里拿到钱也很有信心。县令大喜说，那就交给你办了！于是彭玉麟招募了几百人，做了很多旗子和武器让他们守城。太平军一看，觉得耒阳有防备就没敢打过来。彭玉麟在当地就更出名了！

> 时粤寇由永安北犯，将掠耒以趋衡；公入见耒令，问计将安出？令曰："吾请兵、饷无一应，奈何！"公曰："何患无兵、饷？城中百姓募之即兵；吾质库中有钱数百万即饷。"令喜曰："吾以属君。"于是公募勇数百人，多制旗械守城。寇知耒有备，径趋长沙，公由是知名。

彭玉麟出名了，大家都说他有理想有情怀。事实上，彭玉麟并没有邀功，只希望政府能把从当铺借来的钱还给老板。毕竟，如果太平军打过来，损失最大的是那些有钱财的富商。富商借钱也不失为一个明智的做法，还能博个名声。

> 《清史稿》记载："贼知有备，不来攻，城获全。玉麟不原叙功，但乞偿所假钱，以是知名。"

（六）参加湘军

有了一定知名度的彭玉麟经常让人交口称赞。咸丰三年

（1853），曾国藩到衡州练兵，广纳贤才奇士。一个叫常仪安的人推荐彭玉麟给曾国藩。至于这个常仪安是谁，做过什么其他事，历史书上没有记载。可能他就是一个普通得不能再普通的路人甲，只是因为推荐过彭玉麟而名留青史吧！《中兴将帅别传》记载：“常君仪安荐公有胆略。”当时，彭玉麟在家给母亲守孝，曾国藩就委托中介人继续劝说，你可清醒点吧，天下大乱，父子都不能自保，你难道想长期守着一方坟墓?

> 乡里藉藉，父子且不保，欲长守丘墓耶。

这句话触动了彭玉麟，于是彭玉麟投奔了曾国藩。之后，曾国藩就把彭玉麟派给弟弟曾国葆做助手。有才华的人总是会被赏识，曾国葆和彭玉麟相处之后，特别欣赏他，又向曾国藩推荐，哥，我觉得这彭玉麟为人不错，你给提拔提拔。之后，彭玉麟在水师中做了一个营官。当时，一共十营水师，在湘潭有四营，衡州有六营。

> 《曾国藩年谱》记载：“在湘潭募水军四营，以褚汝航、夏銮、胡嘉垣、胡作霖为营官领之。衡州募六营，以成名标、诸殿元、杨载福、彭玉麟、邹汉章、龙献琛为营官领之。”

所有的水师加起来一共十营，总管是褚汝航，不是彭玉麟也不是杨载福。《曾国藩年谱》记载："水路以褚汝航为各营总统，陆军以塔齐布为诸将先锋。"《中兴将帅别传》描述，水师练好之后，就分成两部分分别让彭玉麟和杨载福统领，"水师立，以公与杨载福分统焉"。这就有点矛盾了，所以《中兴将帅别传》这本书作为类小说，一些细节挺好，严谨性还是比较弱。以彭玉麟的秀才资历，做统领还早了些，学历和工作经验都不够。褚汝航，看名字就是适合水师，当时已经是知府，从太平军发源地广西调过来的，可惜死得太早。在战争中，关键还是看谁活到最后啊！曾国藩深知"活着"的重要性，所以反复强调结硬寨，慢慢来。

（七）湘军火炬手

彭玉麟参加湘军，当一个营官，也算受到了重用，其战斗特点是擅用火攻，所以堪称"湘军火炬手"。咸丰四年（1854）二月，湘军水师在衡州一战失利后返回长沙，彭玉麟部则留在西湖（不是杭州的）孤军奋战。曾国藩刚眼泪汪汪说他肯定要死了，没想到全军居然都回来了。曾国藩收起悲伤立刻与众将讨论起了战事，说水师应该合力先打湘潭，彭玉麟自告奋勇先去了。看到岸边都是太平军的船，生活物资挺多，战舰倒是少。彭玉麟想，待会士兵们争抢肯定一片大乱，于是便让他们分开去打太平军的首尾，自己打中间，同时放火烧船，结果太平军死伤不计其数，城里的太平军也逃走了。

> 《中兴将帅别传》记载：“咸丰四年二月，水军发衡州，不利，引还；而公以孤军留西湖中。文正涕泣谓必死，竟全师而还。复议悉水师之众先攻湘潭，公请先行，望湘岸连樯皆贼舟，多辎重，少战舰，公计士卒争利必乱，乃分营攻其首尾，自攻其中，纵火焚之，贼死无算，城贼亦遁。”

咸丰四年六月，湘军再向岳州（今岳阳）出发。彭玉麟跟杨载福乘着小船就直接冲到太平军里去，子弹打伤了彭玉麟的手指，十指连心啊！虽然手像从血水里捞出来一样，但是彭玉麟更加勇猛地进攻，直接烧掉了太平军的船，使他们迅速溃散。又烧了一次！

> 公与杨公乘三板冲入城中，枪丸伤指，血淋漓，进益猛，烧其坐船，贼遂溃。

水路两军连战连胜，继续顺江而下，到了武昌附近。彭玉麟大概觉得前两次打仗靠火烧都挺有用，就又出了个火攻的主意。他命士兵们把太平军的驻扎地烧了，“宜渡江先烧其屯”。最后，攻克了武昌。彭玉麟，不会五行正好缺火吧？

下一个关口是田家镇。在田家镇和半壁山之间是长江，太平军在此构筑了严密的防御工事。具体而言，是用铁索把船连在一起堵在水面，从南岸到北岸，用粗大的铁索连贯，横断江面，把大炮放在木筏上，还用炮船护着，看着还有点壮观。

> 《中兴将帅别传》记载："群寇乃下保田家镇，夹江为五屯，依半壁山，连舟断江，缆以铁索，布木为筏，置大炮焉，又护以炮船，望之峨然。"

过不去怎么办呢，彭玉麟不怕，咱们军中多的是好男儿，打铁匠也有。找会打铁的来断了他们的铁索，看他们哪里哭去。炼刀具的时候有道工序叫"淬火"，也叫"淬水"，像电视剧中炼刀剑时一样，把刀剑从火炉里拿出来后趁热迅速泡进水里，淬水后再打炼，这样可以提高刀剑的硬度。王闿运《湘绮楼文集》记载，彭玉麟让水军分成四队，先锋队的船把炮卸掉，带着高炉锤炼锋利大剪刀，把大剪刀淬水，再打炼，再淬水，虽然不能做到吹毛断发，削铁如泥，但是能够最大程度确保把太平军的铁索剪断。先锋队叫人带着刚打好的大剪刀，潜水过去，顺着水流去筏下把铁索给断开。

> 公间行至陆军，刻日合战，分水军为四队，头队船悉令去炮，具炉鞴锤炭剪，戒曰："无仰视，顺流疾进，至筏下断锁缆。"

有人搭小船过去看到木筏下的铁链断开了，有缝隙，能容下形状像刀一样的小船过去，竟然能过两艘，开心地大喊铁锁破开了。这一吼杀伤力有点大，可能也有嗓门大的原因，把太平军吓得掉到水里去了。水师一路放火，烧了太平军的木筏和船，太平军大败。这一战让湘军水师得以闻名天下。

> 《中兴将帅别传》记载：“有小船，视筏下劣容舠，试入之，竟渡二船，呼曰：‘铁锁开矣！’贼愕，亦呼，惊走堕水，掷炬烧筏，筏舟俱烬。山下贼亦颠越坑谷，尸相藉。此一役也，湘军水师名闻天下。”

田家镇大捷是最知名的战役，还有一次是同治元年（1862）的某天半夜。担心太平军怕黑，彭玉麟就给他们点了个火，火箭齐发，烧掉了瞭望楼，“夜半射火箭焚其西门轈楼”。第五次火攻了吧？

同治二年（1863）时，湘军在九洑洲跟太平军大战，打到晚上。晚上肯定需要点光，光怎么来呢？点火！于是彭玉麟找了四十个壮汉，拿着短兵带着火种，上岸后跑去烧了太平军的堡垒，其他人也跟着上。九洑洲最终攻破，自此太平军在金陵的粮食接济就没有了。

> 战至夜，公选精壮四十人，持短兵，怀火蛋，令总兵成发翔率之登岸，于黑雾中潜烧贼垒，诸将蛾附而上，遂破九洑洲……于是金陵伪都粮绝。

彭玉麟擅用火攻，可谓名不虚传。

（八）马拉松运动员

马拉松运动，从古到今都是人们关注的焦点。战争年代的长途行军，不就是一场别样的集体马拉松吗？咸丰四年十二月，当彭玉麟、杨载福在邬穴养伤休假的时候，水师的小船部队被石达开诱进鄱阳湖，从此，水师被一分为二。曾国藩在江西鄱阳湖边驻扎，管理内湖水师和陆军。咸丰七年（1857），内湖水师总管萧捷三战死，曾国藩喊在衡州的彭玉麟过来带队伍。无奈有太平军挡道，路不通怎么办？彭玉麟假扮成商人，穿着个草鞋徒步走了七百多里。一里等于五百米，仅算走了七百里的话，也有三十五万米了。他这身体素质是真的好。

> 《中兴将帅别传》记载："公与杨公旋至邬穴养伤，而别将萧捷三、黄翼升率水师由湖口驶入姑塘，为所扼，不得出……文正即至南昌，抚定内湖水师，召公自助。公时归衡，江西寇隔道，不通，公易衣为贾客，草履徒步七百余里达南康，文正义之。"

曾国藩在奏折中夸他："坚苦耐劳，有古烈士风。"

（九）辞官专业户

彭玉麟最为后人所称道的，不是火攻和长跑，而是辞官。后世有学者甚至怀疑他跟皇帝有仇。第一次辞官，前文已经交代过，发生在擒拿李沅发之后。

第二次发生在咸丰十一年（1861），彼时，曾国荃正围打在安庆的太平军，陈玉成率领三万军队前来支援太平军，在菱湖扎营。面对这位太平军的年轻英王，彭玉麟决定也搞点年轻人喜欢的新式玩意来欢迎他，于是创立了飞划营，有点像现在的“皮划艇队”。水师把船抬入菱湖，跟陆军配合。陈玉成怎么也没有想到，小小的内陆湖菱湖会凭空冒出湘军的水师，以致大败。

这一战，朝廷很满意，就让彭玉麟担任安徽巡抚，但是他上疏了三次说不要。清廷就给他换了个官位，让他当提督。但清廷又觉得武职不如文职，觉得这个提督的位置配不上彭玉麟，就让他当兵部右侍郎。

> 《中兴将帅别传》记载：“俄授公安徽巡抚，公上疏三辞，于是改公提督，又以武职望轻，改兵部右侍郎。”

第三次发生在同治三年（1864）六月，湘军好不容易把南京从太平军嘴里抢回来了，彭玉麟也直接申请了退休。他说我来的时候穷小子一个，愿意回去的时候也是个穷小子，“臣以寒士来，愿以寒士归”。

退休后，彭玉麟就回老家了，给自己的房子起名“退省庵”，种种树浇浇田，过得好不悠闲。即“竟不出，种树灌园，有终焉之志”。不过他退休后，长江水师日益败落，士兵们横行霸道，皇帝就叫退休的彭玉麟来上班了，老彭啊，水师没你不行啊。但是彭玉麟又想辞职，“然公不耐服官，未数月，再疏力辞”。皇帝没办法只好说，这样吧，你每年要巡阅长江，专门就长江的事上奏。有一年彭玉麟从上游巡视到下游，在浙江西湖又建了个小筑，也叫“退省庵”。可惜现在只有衡阳的退省庵，杭州的已经没有了。彭玉麟在这里过得也是比较惬意的，经常泛着小舟往来，颇有轻灵飘逸的感觉，好不快活，即“常轻舟小艓，往来倏忽”。

第四次发生在光绪七年（1881）：“光绪七年，诏署两江总督，辞。”这时曾国藩早已去世。

第五次发生在光绪九年（1883）：“九年，补兵部尚书，辞，不允。”

第六次发生在光绪十几年。法、越战事起，朝廷让彭玉麟去督办海防。六十五岁的老爷子彭玉麟还是很飘逸，一个人骑着马就直接去两广了，“单骑入粤”。一把年纪很酷炫，还很有创意，他发动那些身体比较好的人在山里凿了一些炮洞，把大炮藏在里面，敌人看不到。即“发健儿凿山石为炮洞，兵隐其中，敌不得见”。彭玉麟把守的虎门一带，外国人不敢靠近。光绪十四年（1888），看着大功告成，他又辞职了。真是有才华就任性，不过他还是继续巡阅长江，“至十四年始开兵部尚书缺，巡阅长江如故”。

又过了两年，光绪十六年（1890）他去世了，在七十古来稀的清朝，彭玉麟也算高寿了，活到了七十五岁。

（十）谥号刚直

彭玉麟死后谥号“刚直”，与唐代的柳宗元一样。柳宗元的刚直不仅表现在他的品格上，也表现在他的书法上。不过，彭玉麟的刚直也是世所罕见的。

彭玉麟很刚直，长得又瘦，说话小声到听不太清。但是彭玉麟一生气，后果很严重，见到的人都害怕。每年彭玉麟巡逻查防的时候，一定会杀好些人。他到了哪里，哪里士兵的心就一直吊着，心里默念：你看不见我你看不见我。有一些士兵觉得自己不能蒙混过关的就都趁夜逃跑了。

彭玉麟也比较简朴，看着就是一个普通的老农民，谁也不会想到他是个大官。据《清稗类钞》记载，有一天，彭玉麟人在浙江，傍晚就在茶馆里休息，晚上茶馆里有说书的人。茶馆正中央有个清兵水师管带的位子，别人不敢坐，彭玉麟去坐了。店长人还挺好的，叫他去别的座位坐，彭玉麟说等管带来了他再让。过了一会儿，两个士兵提着灯笼在前面开路，后面跟着一位管带，见此人到来，那些坐着的人都避让，这管带气场还挺足。管带见彭玉麟占了他的位子，怒而骂他："哪个村的？竟敢占我的位子！"那两个士兵也大声叱骂。彭玉麟只是慢慢地去了别的地方坐着，也不说话。那管带仍是生气，其他看客都害怕得大气不敢出。过了一阵子，彭玉麟走了，立刻把管带给召了过去。这管带才知面前的大人竟是他刚刚一直骂的人，吓得趴在地上如死人一般不敢动。彭玉麟说，你这区区一个管带居然敢这样作威作福，那就去地底下嚣张吧！

> 一日，过浙江石门湾，石门湾故大镇，亦往来孔道，有水师管带驻焉。时将黄昏，命奚奴候镇外，自憩于茶寮……管带大怒曰："何物村人，大胆据吾座！"二弁亦大声嗥叱。彭徐徙他座，蜷伏无言，管带犹余怒未息，坐客莫不悚息。俄而彭潜去，立召管带。管带至，则见高坐堂皇者，乃适所斥坐上村人也，匍匐如死人。彭略叱曰："一管带，威福至此耶！"命斩之。

李鸿章的一个侄子仗着权势欺男霸女，地方官都不敢说话。据《清稗类钞》记载，有一天他又抢了人家的老婆，不过这次撞到彭玉麟的枪口了。在长江的船里，彭玉麟问他，是不是抢人家老婆了。他还挺得意说是啊！彭玉麟很生气，知府县官来求情都没用。过了一会儿，听说巡抚也要来求情了，彭玉麟就迅速把人砍了。巡抚上船的时候，下属正好拿着人头来复命。彭玉麟还写信给李鸿章说你侄子破坏你家的名声，我想你也挺讨厌他的，我就帮你处置了。李鸿章还得写信感谢他杀了自己侄子。李鸿章的内心可能是这样的：你杀都杀了，我能怎么办，我也很绝望。

> 而府县官皆至，悚息哀求，刚直不听。俄抚藩俱以刺至，请见，刚直命延接，而阴嘱吏曰："趣斫之！"巡抚足甫登舟，而吏持头来缴令矣。刚直乃移书文忠曰："令侄坏公家声，想亦公所恨也，吾已为公处置讫矣。"文忠复书谢之。

彭玉麟的耿直刚正在面对自己的亲人时也一样。《清稗类钞》记载，彭玉麟有个失散二十年又重新团聚的弟弟吸鸦片上瘾了。当时军中严禁吸鸦片，他弟弟如实交代，把彭玉麟气得当场就打了他四十杖。彭玉麟说，你不戒了这鸦片，你这辈子也别来见我了。好在彭玉麟的弟弟也争气，躺了三天三夜，快死了都不吸鸦片，竟然戒掉了！看来还真是亲兄弟，都很有毅力，于是兄弟关系恢复如初。

> 弟久客，吸鸦片烟成瘾。而军中方严禁烟，以情告，刚直大怒，立予杖四十，斥出之，曰："不断烟瘾，死无相见。"弟感愧自恨，卧三日夜，濒死，竟绝不更服，复为兄弟如初。

不仅对别人刚直，彭玉麟对待自己的生命也很刚直，绝不自私。《中兴将帅别传》记载，咸丰七年，为了能让内湖水师冲出湖口关卡，彭玉麟将全军分成三队，但是他的船队不幸被太平军的炮弹击中，十多艘船受损。别人劝彭玉麟说，你在这让士兵跟这些炮火拼命也是白搭。彭玉麟流着泪回答，如果这个险关渡不过，我也没有活着的理由，今天就是我的死期。但我绝不会让士兵们独自牺牲。于是，他亲自划桨朝敌军冲去，没想到他运气好，太平军的大炮突然裂开不能用了。最终彭玉麟率领的内湖水师得以跟外江水师会合，顿时士兵们的欢呼声如春雷震动。陆军这个时候也乘势出击，进攻了小姑山，把九江夺了回来。

> 公泣曰：“不度此险，终无生理。今日我死日也；义不令将士独死！”鼓棹赴之，贼炮乍裂，于是我舟衔尾直下，与外江合，欢声如雷。陆军应之，进夺小姑山，复彭泽，遂克九江。

（十一）自认士大夫

彭玉麟之所以这么爱辞官，又这么刚直，是有原因的。其中一个原因可能与当初高人鉴给他做了很好的道德教育有关。他从不以升官发财为自己的人生目的，而把自身定位为一名士大夫。他不要钱也不要名，只把自己当个士大夫。他认为，天下会乱不仅在于盗贼，也在于士大夫不知进退。

> 天下之乱，不徒在盗贼之未平，而在士大夫之进无礼、退无义。

彭玉麟把自己定位于士大夫、读书人这类，但是他又不算一个学者，也不经常看书，只是一个为清廷利益而战的士大夫。很纯粹！人的一生，找准自己的定位很重要！

以升官发财为人生主要追求的大有人在。如果问，世界上有没有不以此为目的的人呢？有！彭玉麟就是其中之一。曾国藩的弟弟曾国荃基本上就是以升官发财为人生目的的，所以他跟彭玉麟很不对付。毕竟两个人追求不一样，三观也不同，所以不必强融。如果是曾国荃做统帅，肯定吸引不到彭玉麟这样的人才。曾国藩的高明之处，就在于他又读书又打仗，还容得下别人，有巨大的包容性。

（十二）兼职画家

彭玉麟将军在军事之余，有个和自己职业很不相称的爱好，画梅花，而这里面也有个故事。从前面所述，我们可以看出彭玉麟也算是个铁骨铮铮的汉子，但怎么也不会把他联想到是一个喜欢画梅花的人。从这里就可以看出人性的复杂，既没有完全刚硬的人，也没有完全柔弱的人。

据《清稗类钞》记载，彭玉麟有个美女邻居叫梅仙，爱慕彭玉麟的才华，愿意嫁给他。彭玉麟年轻的时候喜欢赌博，还逢赌必输。他曾经拿了梅仙的发钗和耳饰去赌，结果都输掉了。于是，他不得不跟梅仙老老实实交代。梅仙说："但得白首，此区区何足数哉！"大意是，只要两人能白头到老，区区这点钱算什么。这样的话太暖心，怪不得彭玉麟对她终生难忘。可惜，在议定亲事之前出了点状况，梅仙最后嫁给了别人。后来，痴情的梅仙郁郁寡欢而死。彭玉麟则发誓要画十万幅梅花来回报她。

梅仙旋怏怏卒，刚直恸之，誓写梅花十万幅以报。

据说，彭玉麟这一生流传在外的梅花真有上万幅。

因彭玉麟的梅花画得好，一时竟然成名了。他死后，有个高官俞廙轩特地从王闿运那里要了一幅梅花，还让王闿运题诗。诗曰："姑射貌，旧日酒边曾索笑。春风吹醒人年少，花开花落情多少？明蟾照，人间只有西湖好。"这里的西湖大概就是湖南衡阳的西湖吧！这里的姑娘就是指的梅仙。

有些读者可能想八卦一下，彭玉麟结婚了吗？事实上，梅仙姑娘只是彭玉麟心头的朱砂痣和白月光，邹氏是彭玉麟的夫人。这个夫人也是有故事的。《清稗类钞》记载，原本与彭玉麟定亲的邹氏嫌弃他穷，不想嫁。迎亲的那天，邹氏倒在地上撒泼，不肯出门。这时，邹氏的婢女突然挺身而出，愿意代嫁。主人就对这个婢女说，以后你嫁过去了千万要保守秘密啊！结果这个婢女嫁给彭玉麟之后，夫妻俩生活美满："已而粤寇事起，刚直仗策从军，转战东南，洊擢至兵部尚书，声望赫然，夫人亦累加宠赐。"有一天，夫妻俩喝酒，追忆往事，夫人谈起自己可怜的身世，讲了这段历史。而此时已经过去二十年了。至于这个婢女究竟姓什么，也没人知道，就让她姓邹吧！做人不能太势利，不知原来真正的邹氏后来做何感想。

（十三）造反之谜

清代梁溪坐观老人的《清代野记》记载了一件彭玉麟劝曾国藩造反的事情："安庆克复，彭玉麟权巡抚，遣人迎曾文正公东下。"船还没抵达岸边，彭玉麟的亲信已经到岸边等待了。亲信士兵登舟，从怀中取出一封信交给曾国藩，当时还有几个曾国藩的亲信在场。曾国藩拆开一看，果然是彭玉麟的字迹，信中只有寥寥几个字："东南半壁无主，老师岂有意乎？"曾国藩看后脸色大变："不成话，不成话，雪琴还如此试我，可恶！可恶！"然后曾国藩将书信"撕而团之”，不知是被气的还是较谨慎，曾国藩居然把纸吞了下去。曾国藩本来就体弱多病，吃纸也不卫生，为什么不烧掉呢？

如果故事属实，那么这件事应该发生在咸丰十一年，当时英法联军侵华，咸丰皇帝驾崩，天下形势大乱，清廷摇摇欲坠。若此时湘军将领的人心动摇甚至议论取清廷而代之，可想而知后果会如何。但是彭玉麟明明推辞了安徽巡抚，如果想造反，为什么不接受呢？

《中兴将帅别传》记录，与爱写信的曾国藩不同，彭玉麟是不轻易和人通信的。即“不轻与人通书，所与者皆公手迹，敷畅条达，忠义之气溢于行间”。从这个意义上讲，彭玉麟劝曾国藩造反的可能性就比较小。不过，历史上有些事情，除了当事人知道外，就只能永远是个谜了。

第二章

精干的业务盟友

大勇却慈祥

塔齐布

托尔佳（一作陶佳）氏，满洲镶黄旗人，字智亭。曾国藩的得力部下，晚清湘军名将，官至湖南提督。曾被曾国藩评价：大勇却慈祥。谥号忠武。

在一个组织里，副手起到上传下达的作用，对组织的运作有非常重要的影响。一个勤奋、忠诚的副手能把最高领导人的意图贯彻执行下去，一个有冲劲的副手能激发下属的工作激情，鼓舞士气。

在湘军创建之初，曾国藩的左膀右臂中，最得力的副手就是塔齐布将军。

（一）吃苦耐劳

塔齐布是满洲镶黄旗人，朴实厚道，能吃苦。

塔齐布，字智亭，本是绿营部队的低级将领。绿营兵是清朝正规部队，坚持世袭制度。到了咸丰年间，绿营兵内部已非常腐败堕落。士兵们平日里疏于操练，却沉迷逛街、赌博，或者做点小买卖，每个月点名时刷脸，打完卡就回家，以至于连拿着斧子、锄头还有木棒的太平军都打不过。但塔齐布属于少数没有堕落的人。

咸丰三年（1853），为提高战斗力，曾国藩把招募的湘勇和绿营兵组织在一起训练。当时清朝的地方武官序列是提督、总兵、副将、参将、游击、都司和守备。提督是地方最高武官，塔齐布当时是游击将军。士兵每天都要训练，一般情况下由都司主持，游击偶尔露露脸就好。曾国藩的官位较高，跟总督一个级别，都是正二品，而且文官地位又比武官高。所以曾大人通常情况逢三、八日（比如初三、初八）检阅部队，给大家训话，讲孔孟思想，一个月过来检阅六次左右。但是游击将军塔齐布打卡特积极，一个月去二十多次。

曾国藩在给皇帝的奏疏中说道："臣今年在省操练，常用该游击整顿营务。臣每于三、八日校阅，该游击则日日常阅，大约十日之中不过间断二三日，军士皆乐为之用。"

生活就像海洋，只有意志坚强的人，才能到达彼岸。

——马克思

咸丰三年六月，进入夏天，天气炎热，又没有空调冷饮，而且还在室外，人晒上几天就能在黑夜中隐形。没想到曾国藩仍要求坚持训练！当时也没有高温补贴，长沙协副将清德又热又气，公然反对，并向湖南提督鲍起豹诉冤，反咬曾国藩虐待士兵。

咸丰三年曾国藩于盛夏之时苦练湘勇，并请营兵会操。湖南提督鲍起豹、长沙协副将清德以为虐士，坚决反对。

这个时候，只有游击将军塔齐布举双手双脚赞同。曾国藩于是留意到这个穿草鞋的耐高温的人，知音啊！经过几次促膝交谈，曾国藩决定向皇帝推荐塔齐布担任参将。曾国藩在奏折中写到，塔齐布“忠勇奋发，习劳耐苦，深得兵心”。

“习劳耐苦”这四个字很值得玩味。《中庸》说，别人一次能会的事，我用一百次去练习；别人练习十次才会的，我练习一千次。笨鸟要先飞，但聪明的鸟更努力飞翔。优秀的人往往更努力。塔齐布就是这种人。

塔齐布遇上曾国藩，也算是幸运。曾国藩对皇帝说，如果以后塔齐布临阵退却，愿意一并治罪。塔齐布得知此事，非常感动。事实证明，塔齐布在往后的日子里，一直对自己的伯乐忠心耿耿。

（二）身先士卒

湘潭大捷是湘军初期最重要的胜利，抵消了曾国藩靖港失败的负面影响，让清廷开始重视湘军。在这场战役中，塔齐布以自己的勇敢充分激发了士气。在冷兵器时代，大家手里的武器都差不多，士气是非常重要的决胜因素。

《曹刿论战》的核心思想就是士气。即“夫战，勇气也。一鼓作气，再而衰，三而竭。彼竭我盈，故克之”。

在日常工作中，工作时间长不意味着工作效率高，尤其是一些研究型或成果难以量化的工作。能否取得成效，很大程度上取决于工作人员的精神状态，也就是士气。所以士气的概念不仅在军事中适用，在当代企业管理中也同样适用。

在咸丰四年（1854）四月的湘潭战役中，塔齐布将军亲自举着大旗，杀死了几个太平军首领，势如破竹地追了几里地，攻至城下。

> 塔齐布手持大旗陷阵，麾军纵击，斩其酋数人，逐北数里，至城下。

这个描述其实很可疑的。毕竟一手拿着大旗，一手拿着武器，搏斗并不方便。不过，塔齐布冲得很快估计是真的。也许他的士兵一边追一边喊："将军给我们留点立功机会。"

第二天，他用伏击战打败了太平军，收复了湘潭。刚经历靖港兵败的曾国藩在妙高峰寺内听到湘潭大捷的消息，终于不再寻死觅活，头也不疼腰也不酸了，笑着冲着湘潭的方向喊着："大兄弟干得漂亮！"塔齐布收复湘潭后，升任湖南提督，还被赏赐了个光荣称号"巴图鲁"，即蒙古语勇士的意思。

塔齐布从正四品的都司到从一品提督，只用了不到三年的时间。他火箭般的升迁速度极大地鼓励了其他将士。即"众见其由都司不三年立功骤膺专阃，莫不惊服，军气顿振"。

塔齐布接受总兵大印的那天，很多人围观，比开演唱会还热闹，大家都觉得曾老大慧眼识珠，皇帝千里之外也能知人善任。

> 受印日，士民聚观，叹诧国藩为知人，而天子能明见万里也。

挖掘人才哪家强？湖南曾国藩最周详。其实，曾国藩并没有特殊的相面技巧，有的只是一颗公正的心。这跟企业一样，努力出色的员工总是能被上级看到的。塔齐布这样的人，曾国藩对他的赞赏就算捂住了嘴巴，还是会从眼睛里显露出来。

塔齐布升官之后，对太平军展开了凌厉的攻势。他经常是“首先冲入，诸军继之”，每次战斗总是自带主角光环，战士们看他这么勇猛，也不要命地跟着往前冲，气势如虹。

“结硬寨、打呆仗”似乎成了湘军战术的代名词，其实很多小规模战斗根本来不及结硬寨，全靠主将的一腔勇气来点燃士气。

《清史稿》记载了塔齐布的一次战斗场面，堪比好莱坞经典动作片。咸丰四年十二月底，九江附近，寒风萧瑟。太平军的三个首领骑着马冲上来，后面跟着一大队人马，都是一脸春风得意的样子。突然，他们的笑容消失了，因为其中一个首领不见了。原来，塔齐布拿出套马杆，嗖的一声扔过去，套住了其中一个首领，砍落马下。剩下的两个首领想着，这不是白日撞鬼了吧？吓得够呛，望风而逃。塔齐布心里着急：“我刚热身完呢，别跑。”于是拍马追过去，等到大队人马都走了，傍晚才单枪匹马回到大营。

（三）大勇却慈祥

一个完美的副手，除了服从上级，关心下属也是必需的。据曾国藩的描述，塔齐布临阵前总是背着枪和弓箭，两个士兵拿着长矛和套马杆跟着。一旦他要驰马冲入敌营的时候，就不让那两个士兵跟从。如果不听，他就用眼睛瞪，用马鞭抽士兵。打是亲，骂是爱，说的就是这种情况。

> 塔公每临敌，负枪挟弓矢，又令二卒树长矛，执曳马绳杆以从，其为器也四……塔公跃马飙驰，瞋人追从，从辄反鞭之。

如果塔齐布说“我们不惜一切代价……”时，士兵也是“我们”。在《清史稿》中，赵尔巽对他的忠勇绝伦进行了描述：“每战，匹马当先，不使士卒出己前。他军被围辄驰救。”

曾国藩后来回顾说，肯携带弱兵又能在战斗中救人的，除了李续宾，便只有塔齐布了。即“军中每言肯携带弱兵，肯临阵救人者，前惟塔齐布，后惟续宾”。

塔齐布还是个实在人，不在意虚名。有一次，塔齐布杀了太平军著名首领曾天养，但是因为之前水师汇报过曾天养已经在水战中被击毙了，所以塔齐布不争功劳，也不汇报。反正“客户”拿下就行，谁的功劳最大不重要。

（四）结语

战争是残酷的，刀剑无眼，就算运气好一点没在战场上受伤，也容易积劳成疾。咸丰五年（1855），塔齐布不幸病逝九江，“其卒也，军民皆恸”。

曾国藩对这位部下的死极为惋惜，为他作了挽联两副。一副题在了九江塔忠武祠，那是塔齐布去世的地方。在曾国藩心中，塔齐布好比北宋的开国名将曹彬。

> 大勇却慈祥，论古略同曹武惠；
> 至诚相许与，有章曾荐郭汾阳。

战术儒术并千秋

罗泽南

字仲岳，号罗山，湖南省湘乡石牛湾（今双峰）人。曾国藩爱将，晚清湘军将领。谥号忠节。

有些朋友能让你热血澎湃，有些朋友能让你冷静客观；有些饭局像热闹的酒吧，有些饭局像宁静的清吧；有些清净是因为无话可说而冷场，有些是有话可说但仍让人清净。跟罗泽南一起，就好像身处一个让人清静又有话可说的清吧。这样的朋友在感情上虽然不会与你特别亲近，但是却能在业务上给予你很大的帮助。

有些感情深厚的朋友，如郭嵩焘、刘蓉，是曾国藩很早就认识的，有点像发小。他们常常写诗，相互消遣，感情很深，但对曾国藩业务上的帮助并不大。有些朋友，如左宗棠，虽然时有忌妒之心，但是很公正，为清廷办事，忌妒只停留在口头上，不会背地里使绊子，是个正人君子。沈葆桢和罗泽南，都属于有较强主见的朋友，但是区别在于沈葆桢的主见往往是错误的，对大局不利的，而罗泽南的主见往往是正确的，对大局有利的。

（一）乡村教师

罗泽南在历史舞台上出场时，就透露着一股悲惨的气息。罗泽南，字仲岳，号罗山，“罗罗山”念起来倒是有点萌。罗泽南是湖南湘乡人，与曾国藩是老乡。他的家庭条件比较差，早年没有做官，只是一个乡村教师。

罗泽南家世代贫穷，从史书上看，至少是个“穷四代”。道光五年（1825），罗泽南的母亲去世，随后其兄嫂、祖父和三个儿子等也相继去世。十年内，九个亲人接连去世。他的老婆也因为接连失去了三个孩子而哭瞎了眼睛。长辈、妻子、孩子接连遭遇惨事，可谓惨绝人寰了。

因为没钱，有一次考完试的罗泽南只能徒步走回去，双腿是他最好的交通工具。家里人也经常吃了上顿没下顿。即“尝以试罢，徒步夜归。家人以岁饥不能具食”。

罗泽南的经历确实很惨，但他却没有浑浑噩噩，浪费年华，反而更加刻苦地读书、教书。他不过多担心家里的变故，只忧心自己的学问不够顶尖而不能入圣眼；不因为自己的生活困苦而羞耻，只羞愧于自己的学问不能兼济天下。

> 公益自刻厉，不忧门庭多故，而忧所学不能拔俗而入圣；不耻生事之艰，而耻无术以济天下。

他教书育人，以孔孟之道、程朱理学为自己的信仰，是典型的教师思维。后来跟随曾国藩之后，仍然保持着教师本色。曾国藩在给罗泽南的墓志铭中提到他的风格，“朝出鏖兵，暮归讲道”。这种对思想教育的重视，也让后来湘军中的罗泽南部成了有信仰的部队。在古代士兵眼里，一日为师终身为父，带着学生上阵真的很厉害。

据《清史稿》记载，罗泽南曾经讲道：打仗的道理在《大学》第一章就讲到位了，《左传·曹刿论战》中那个关于士气的故事是它的注释。

> 尝论兵略，谓大学首章“知止”数语尽之，左传“再衰”“三竭”之言，其注脚也。

《大学》的第一章说，知道了理想和目标，才能有定力，然后能静下来，然后能安心，然后能思考，然后有所得。即“大学之道，在明明德，在亲民，在止于至善。知止而后有定；

定而后能静；静而后能安；安而后能虑；虑而后能得”。

罗泽南不仅懂教育，能治军，还是位文学家，热爱读书和写作。他认为张载（北宋思想家，教育家，理学创始人之一）主张静心的理论非常好，于是写了一本《西铭讲义》。另外，根据其他大师的理论还著了多本图书。

> 凛降衷之大原，思主静以研几，于是乎宗张子而著《西铭讲义》一卷，宗周子而著《人极衍义》一卷。幼仪不慎，则居敬无基；异说不辨，则谬以千里。于是乎宗朱子而著《小学韵语》一卷、《姚江学辨》二卷。……于是乎有《读孟子札记》二卷、《周易本义衍言》若干卷、《皇舆要览》若干卷、诗文集八卷。

所以，罗泽南是个有丰富理论知识的教师。书读百遍，其义自见，罗泽南的思想和信仰都体现了他是位从骨子里能冷静下来的人。思想对一个人的性格有至关重要的影响。例如，曾经的美联储主席伯南克在2007年次贷危机之后果断地采取量化宽松政策，并且一直坚持到卸任。这是因为伯南克在思想上就相信要直面危险、拯救危机，他曾经写过一本书叫《行动的勇气》，就体现了他一定要采用量化宽松政策的决心。

（二）遇见曾国藩

罗泽南比曾国藩大四岁。道光二十年（1840），曾国藩已经到北京做翰林了，而罗泽南才刚刚考上秀才。秀才就是他的最高学历了。咸丰元年（1851），命运的女神终于光顾了罗泽南，湘乡县令朱孙诒举他为孝廉方正以应朝廷之选。过了四十不惑这道坎，才被举为孝廉，真是不容易。

咸丰二年（1852），太平军进犯长沙，此时才是罗泽南真正发挥实力的时候。看到世界并不太平，罗泽南建议办民兵团练，并获得当地知县朱孙诒的支持。就这样，罗泽南带着他的一帮学生（包括后来的湘军名将李续宾），与知县大人一起，东一枪西一枪地剿匪，颇有点剿匪大队长的味道。咸丰二年年底，曾国藩奉旨办团练的时候，听说有这么一支武装力量，就顺便收编在了自己麾下。在这之前，曾国藩和罗泽南并没有见过面，两个人是笔友关系，只是通过几次书信。道光二十四年（1844）三月初十日，曾国藩就知道罗泽南，并且在书信中说："罗罗山兄读书明大义，极所钦仰，惜不能会面畅谈。"大意是，老兄深明大义，令人十分钦佩，可惜不能面谈。从那以后到咸丰二年秋，曾国藩没有到过湖南，罗泽南也一直没有去过北京，所以两个人只是保持着神交。

（三）书生也疯狂

咸丰三年（1853），江忠源去江西救援，便跟曾国藩讨人，此时曾国藩的湘军还没练成，就派罗泽南去了。罗泽南的部下原本大多是柔弱的书生，平日可能重活都很少干，第一次行兵布阵，竟打到了南昌城下，作战异常勇猛，战死多人。曾国藩喜出望外，没想到文弱书生居然如此勇猛，好事！

> 江忠源援江西，乞师于国藩，乃令泽南率以往。所部多起书生，初临行阵，战南昌城下，争奋搏，死者数人。国藩闻之，喜曰："湘军果可用。"

这真是书生也疯狂啊！这也看到了罗泽南老师苦心教育士兵孔孟之道的效果，颇有王阳明知行合一的感觉。之所以要反复强调罗泽南的理论，是因为这是他性格的基础。

（四）攻克武昌

咸丰四年（1854）初，曾国藩认为湘军练得差不多了，就从衡州出发，在湘潭与其他湘军会师，带领着一万多人准备与太平军作战。这时，曾国藩带上了知县朱孙诒，把罗泽南留在衡州守大本营，防止土匪作乱。为什么不带上罗泽南呢？因为这时的罗泽南老师已经 47 周岁了，曾国藩可能基于尊老爱幼的思想，把他心目中的“老弱病残”留在了后方。湘潭大捷之后，湘军东征有了一个良好的开头，罗泽南才被曾国藩调到长沙，有了表演的舞台，开启了不断立功、不断升迁之路。令人印象最深刻的是攻克武昌之战。

咸丰四年闰七月，当湘军进攻到武昌附近的时候，面对太平军的坚固防守，曾国藩陷入了思考。心想，这么大的城市，这回有的打了，这是块难啃的骨头啊。没想到，罗泽南拿出了地图。请注意，地图在当时是很宝贵的东西！虽然现在的地图软件很方便，不用花钱，但当时的军事地图无异于是秘密武器。罗泽南拿着绘制的地图，指出了有两条路可以通到武昌，其中一路敌军强，一路敌军弱，并自告奋勇要进攻强的一路。

> 《清史稿》记载：“泽南绘图献方略，谓由紫坊出武昌有二道，请以塔齐布扼洪山，而自攻花园。”

罗泽南率兵直逼敌军，太平军依靠木城向湘军发炮。罗泽南便命令士兵们像蛇一样弯曲前进，避开炮火，还表演了三次卧倒和三次起身，逼近了太平军，最终攻克堡垒。

湘军按照智多星罗泽南的策略，果然把武昌和汉阳都打下来了。太平军被迫退到了兴国（今兴国县），并在田家镇与湘军又打了起来。罗泽南以两千士兵抵御超过十倍的太平军，太平军大败，死在水里的，掉下悬崖的数以万计。看来湘军个个勇猛，以一敌十。

> 如其策，果克武昌、汉阳两城。贼既东奔，追及于兴国，大膊于田家镇。公提卒二千，御数十倍之寇，蹙之江滨，挂石坠崖死者万计。

攻克田家镇后，湘军继续东下。有一次，罗泽南约好各军队前来会攻，但是过江过到一半太平军就打了过来，军队略有退却，罗泽南还伤了手臂，但他仍然坚持指挥军队突围，跟弟兄都商量好了可不能放人家鸽子，最终分兵打败了街口的太平军，太平军的首领罗大纲败走。冷静的性格，从中又可以略窥一二。

作为曾国藩的部下，也是曾国藩的朋友，罗泽南就是这样冷静的性格。所以从他身上，曾国藩没有体会到太多个人的感情，体会更多的是工作上的默契。而胡林翼不同，曾国藩说胡林翼的才华超过自己十倍，对罗泽南这样一个理论和实践都擅长的朋友，曾国藩更多的是佩服，说他“大本内植，伟绩外充”，没有夸张的评价。很快，胡林翼就需要罗泽南的照顾了。

（五）回援武昌

咸丰四年十二月，曾国藩在湖口陷入了困局。其水师的小船冲入了鄱阳湖，而大船却留在了湖口外面。湘军的王牌部队——水师，被石达开用湖口的关卡活活地分开了。一天夜里，曾国藩在湖口的大船上，遭遇太平军偷袭，座船被夺，文件丢失，痛苦不堪。很多当代人讲故事，都说曾国藩在湖口再次跳水。但是，我暂时还没有看到史料上这样写。大晚上的，估计跳水也不好营救。正规的史料上记载，曾国藩乘着小船投入罗泽南大营的怀抱，又说曾国藩越想越生气，想骑马冲入敌阵与敌军同归于尽，但被罗泽南劝阻了。不知道那小船是不是罗泽南派来的，总之，此时是曾国藩和罗泽南的友谊蜜月期。

面对湘军的挫败，罗泽南感到有点小小的忧虑，他感叹世事无常，于是更加频繁召集士兵训诫他们，或者没事研究《周易》打发时间。

> 公太息深忧，叹世变之未已也，益讨部众而申儆之，或解说《周易》以自遣云。

看来，虽然从了武，但罗泽南一直没忘记读书，并继续贯彻素质教育。此时，太平军攻陷了饶州（今江西省鄱阳县）、弋阳，罗泽南又去江西支援，再次打了胜仗。太平军攻陷广信（今广东封开县至广西苍梧县），罗泽南又给抢了回来。在这期间，他又收复了德兴、景德镇。但是太平军打也打不完，这边平定了，义宁又失陷了。

> 时别贼陷饶州、弋阳，公入江西援剿，大战弋阳，克之。贼陷广信，又战信州，克之。又以其间收复德兴、景德镇。东路甫定，而义宁复陷。

咸丰五年（1855），塔齐布大年三十还在战斗，正月里还在加班，积劳成疾。该年七月，塔齐布在忧愤中逝世。根据《清史稿》记载，咸丰五年，罗泽南见曾国藩的军事布置不是很合理，还给曾国藩提出了书面建议。他说，九江离南京很近，又能牵制到武昌，所以太平军才全力想去争取九江，又是进犯弋阳，又是攻打广信，抄我们的右路；又占据义宁，守住梅岭，抄我们的左路。现在这左右两处已经平定下来，九江也比较安全了。

> 泽南见江西军事不得要领，上书国藩，略曰："九江逼近江宁，兼牵制武昌，故贼以全力争之。犯弋阳，援广信，从信水下彭蠡，抄我师之右；据义宁，守梅岭，从修水下彭蠡，抄我师之左。今两处平定，九江门户渐固。"

然后罗泽南就提出了回援武昌的建议，这与《曾国藩年谱》记载的差不多。《曾国藩年谱》记载，咸丰五年八月初七，罗泽南单枪匹马从义宁赶到南昌曾国藩的船上，提出了回援武昌的建议。罗泽南从西至湖北、湖南和东至江苏、浙江的大局开始说起，想要取下江西和安徽，应该先打下武昌；而想要拿下武昌，最好从崇阳、通城而入。曾国藩听从了他的建议。

> 罗公由义宁策单骑谒公于南康舟次，指画吴、楚形势。谓方今欲图江、皖，必复武昌；欲图武昌，必先清岳、鄂之交。定计率军出崇、通以援武昌。公从其策。

罗泽南要回援武昌支持胡林翼，这意味着曾国藩将更加孤苦伶仃。一位幕僚对曾国藩说，你所依赖的就是塔齐布、罗泽南两位将军，现在塔齐布不在了，罗泽南怎么能放走呢？但是曾国藩一方面出于大局，另一方面迫于无奈，摇摇头还是放罗泽南走了。胸怀天下的曾国藩不仅放罗泽南走，还另外派了塔齐布的旧部一千多人跟随，使罗泽南的部队充实到五千人。多年后，曾国藩坦言，当罗泽南离开自己的时候，心里还是有点不快的。

咸丰五年年底，罗泽南刚走不久，太平军的石达开趁机杀入江西，曾国藩感到难以支撑，写信给罗泽南，求他尽快来帮忙。可是罗泽南的表现让好朋友有点失望。他说，如果湘军现在突然撤离，胡林翼的人马不能够独立抵抗敌军，况且现在太平军的粮食快用完了，我们很快就能打败他们，现在撤离绝不是好选择。不知道曾国藩收到此信，心中作何感想。咸丰六年（1856）的时候，曾国藩写信给家里，想把第三个女儿许配给罗泽南的次子，不知道是否有拉拢罗泽南的意思。事实是，罗泽南这个朋友非常有主见，最终没有回来营救他。可能罗泽南这个朋友对曾国藩个人的帮助，已经到此为止了，接下来是对湘军大局的帮助了。

任何人，交到这种冷静而有主见的朋友，就要做好被忽视的准备，不管这种忽视明智与否。幸运的是，罗泽南回援武昌，从湘军的战略大局上讲是必要的。因为只有巩固了长江上游，湖南、湖北的粮食才能源源不断地通过长江运送到湘军大营，才能为后续的安庆、南京会战提供扎实的后方基础。没粮食，武林高手都发挥不了功夫。但是对曾国藩来说，他在江西九江、南昌，就属于孤军深入，形势非常艰难。老朋友罗泽南又离自己而去，曾国藩虽然理解，还是伤心啊！

有些朋友所做的决定是对的，但是你感受不到他的暖意。然而，外表冷静的罗泽南内心还是火热的，对朋友还是很有感情的。因为很快，他就死在了对朋友的焦虑上。

（六）因友情而死

由于石达开的攻势很猛，曾国藩向皇帝诉苦，说工作压力太大，皇帝却下了圣旨叫曾大人向罗泽南学习。石达开部虽然人数众多，被罗泽南痛剿之后，接连挫败，可见兵力不在多少，而在领导是否有方。

根据曾国藩研究专家朱东安的《曾国藩集团与晚清政局》描述，咸丰六年二月，太平军攻破曾国藩直接领导的江西湘军的樟树镇大营，形势十分危急。曾国藩感觉实在扛不住了，于是再次向朝廷上奏，要求调罗泽南带兵回救江西。清廷让湖北巡抚胡林翼决定。胡林翼和罗泽南约定，先猛攻武昌十天，看能否拿下，然后再去江西救曾国藩。罗泽南压力山大，心里挂念着曾国藩的处境，焦虑万分，急着赶紧打完了去救他，于是猛攻武昌。

在咸丰六年三月的战斗中，命运女神打了个盹，罗泽南不幸被炮弹打中了，血流满面的他依然坚持指挥作战。因为伤势太重，他还是没坚持下去，次日死在了武昌城下。

> 三月……我军自洪山驰下，奋击追逐，直抵城下，飞炮中泽南左额，血流被面。驻马一时许，归洪山，犹危坐营外，指画战状。翌日，卒于军。

（七）学者本性

根据著名学者钱锺书的父亲钱基博的《近百年湖南学风》记载，罗泽南临死时突然睁开眼睛对胡林翼喃喃低语，然后写下了一句话，大意是混乱的时代能让人仍能屹立不倒，不慌乱，才是真正的有用之学。

> 语喃喃皆时事，忽开目索纸笔书曰：“乱极时，站得定，才是有用之学。”

从这点上来看，罗泽南可能是湘军中在精神层次上最接近王阳明的人。王阳明的理论特别强调“此心不动”、临阵不乱。王阳明整篇《传习录》基本都是围绕着《大学》的第一章展开。在具体的战争打法上，罗泽南也不是那么呆，而是善于灵活应变，善于进攻，出奇制胜，不是湘军后期的典型战法。

罗泽南打仗为什么这么厉害？曾国藩总结了两点：第一，在两军对阵的时候，他审时度势，瞄准时机再出手，命中率更高，这主要源于他的一个理论，即讲究静观事物的发展，研究细微的变化，此谓之天时；第二，行军打仗特别重视观察山川脉络，罗泽南很讲究地图的作用。看来罗泽南的地理成绩也不错。

其临阵审固乃发，亦本主静察几之说。而行军好相度山川脉络，又其讲求舆图之效。

比较罗泽南和曾国藩这两个人，可以发现两人有很多相似之处。他们都是理学信徒，都是理论家，甚至罗泽南比曾国藩更加热衷于理论研究。他们都是湘军的创始人，甚至罗泽南办团练的时间还稍微早那么一点点。他们都善于发现人才、培养人才，比如罗泽南旗下有李续宾、李续宜、王鑫等名将。只是罗泽南的生命太短暂，没有来得及培养更多人。他们最大的不同之处在于，罗泽南的军事才能远远超越曾国藩。而曾国藩的官职起点远远高于罗泽南。在咸丰七年（1857）曾国藩回家守孝之后，如果罗泽南还在世，论资格论武力值，罗泽南都可以担当湘军将士的领导来统一指挥湘军，可能就不需要曾国藩于咸丰八年（1858）再出山了。从圣人的三个标准来看，如果再给罗泽南多几年生命，现代被人广为称颂和赞誉的晚清完人，很可能不是曾国藩，而是罗泽南。立功，罗泽南的军事才能突出，领导打赢了多次战役，平定了叛乱；立德，作为乡村教师，罗泽南帮助了很多人，桃李满天下；立言，罗泽南有好多理论专著面世，这点比曾国藩的家书更加称得上是理论。而且罗泽南作为劳苦大众的一份子，比曾国藩更加励志，更加接地气，可能会更受现代人的欢迎。

在曾国藩的朋友中，罗泽南是一个冷静客观、重感情又不失主见、非常睿智的朋友，也是最有机会挑战曾国藩历史地位的人，可惜离场太早了！但是戏剧虽落幕，他的精神却永存人间。

事由心定，毋张皇

李续宾

字迪庵，湖南湘乡（今涟源）人。师从罗泽南，晚清湘军名将。谥号忠武。

（一）事由心定，毋张皇

湘军中的王牌将军李续宾有句名言：“事由心定，毋张皇。”事情的成败取决内心，不必慌张。李续宾，字迪庵，湖南湘乡人。据《清史稿》记载，1858 年，李续宾在安徽三河镇战死后，连皇帝都哭了。这是咸丰皇帝因将领牺牲而流泪的唯一一次。

及死事上闻，文宗流涕，手敕曰：“惜我良将，不克令终。

尚冀忠灵不昧，他年生申、甫以佐予也！”

当时守孝在家的胡林翼闻讯后，痛哭着重新出山，即“诏急起视师，林翼闻命，痛哭起行”。胡林翼曾经是李续宾的领导，据《曾国藩家书》记载，胡林翼说过自己愿意给李续宾做幕僚。这也是胡林翼绝无仅有的表态。老大想给小弟当小弟？

胡文忠八年初丁艰时，屡函称遵旨夺情，不愿作官，愿入迪庵幕中草奏帮办。人人皆疑其矫，余则知其爱迪敬迪出于至诚。

在湘军将士眼里，李续宾几乎是百战百胜的，是湘军所依赖的长城。那么李续宾为什么业绩如此之好？主要秘密就在这句话——事由心定，毋张皇。这和王阳明向弟子透露的打仗秘诀“此心不动”颇类似。

根据历史记载，李续宾经常在人群中坐着，不轻易发言。当别的将士大声嚷嚷，或者恼怒或者惊慌失措时，李续宾却“默然深藏”，总是说这句话：“事由心定，毋张皇。”挺佛系的一个人。

（二）心态决定命运

《曾国藩家书》中记载，李续宾的用兵主要得益于一个闲暇的“暇”字。他不仅平时从容淡定，上战场面对敌人时也很淡定。

> 渠用兵得一“暇”字诀，不特其平日从容整理，即其临阵，亦回翔审慎，定静安虑。

《中兴将帅别传》中生动地记载了李续宾的临场表现。咸丰四年（1854）夏天，湘军在岳州。有一天，李续宾率领部队和太平军交战，出师不利，眼看就要吃败仗了，一些士兵纷纷撤退。这时，李续宾对左右说，莫慌莫跑，咱们慢慢退守山岗，敌人不敢靠近的。在李续宾的镇定指挥下，本来乱跑的湘军士兵慢慢聚拢，恢复了信心，毕竟老大这么淡定，小弟肯定不能丢脸。之后，湘军竟转败为胜。淡定真的可以扭转局势，这大概是李续宾第一次作为一个杰出将领得到认可。当时的湘军陆军统领塔齐布夸他“名将”，并在战斗后和他聊了很久。

在这之前，李续宾一直跟着罗泽南边读书边打仗，看起来就像个文质彬彬的乖学生，也没什么特别的特征，这次之后大家开始觉得这个人真的懂军事。

> 循循弟子列，退然若无所知，人无有异之者，至是始以知兵闻。

李续宾告诉人们，不管工作有多忙，内心深处要永远做个大闲人！人可以忙碌，心却不能忙！心态很重要。

还有一次，李续宾计划第二天袭击敌营。第二天刚出门，风雨大作，“风雨骤至，众欲退”。打雷了，收衣服了，兄弟们慌了，这老天是不是在警告我们不能出门啊？可是李续宾说，这是老天在帮我们哪！于是按原计划行动。太平军根本没想到大雨天会被突袭，大败。

有些人在工作和生活中，总像是国家总理那么忙，跟他约吃见面都是很难的，还要搞得紧张兮兮的。其实，谈笑间，樯橹灰飞烟灭，才是真正的高手。

打仗这份工作大概是最紧张的了，毕竟稍微不注意小命可能就不保。李续宾却经常在战场上“席地坐”，跟老僧入定似的，好像没事人一样，等敌人有破绽，突然跃起上马，横扫敌人。

> 塔齐布与续宾皆恃勇，每合战，逼贼，席地坐，枪弹如雨，不顾，忽跃起突阵，横厉无前，习以为常。

（三）举重若轻真英雄

为什么李续宾能这么镇定呢？其实，没有人生来就能沉着冷静。不断学习和磨炼，才能做到举重若轻。李续宾的品质造就，一个主要原因就是罗泽南的言传身教。李续宾 29 岁开始跟罗泽南读书，后来跟随罗泽南剿灭李沅发暴乱，攻打太平军，事事深受他的影响，“泽南讲学里中，折节受学。及泽南练湘勇，遂引为佐”。这里所谓的“折节”是指李续宾是秀才身份,罗泽南也是秀才,两人同一级,所以李续宾拜罗泽南为师,算折节了。所以学高为师，身正为范，“学历再高，也怕菜刀”。那么罗泽南教给了学生们什么呢？关于战术，罗泽南的思想浓缩在一句临终遗言里：“乱极时，站得定，才是有用之学。”

在咸丰六年（1856）罗泽南去世后，李续宾就接替了罗泽南的领导位置，带领这支劲旅攻克了武昌，攻克了九江。在攻克这两座重镇时，李续宾开创性地使用了长壕围城战术。在武昌围了大半年，还引长江水灌入壕沟，于年底攻下。之后就去九江如法炮制。九江费了一年左右才攻下，因为守九江的太平军将领林启荣很顽强。李续宾在外围城，林启荣就在城内种粮食。无奈之下，李续宾用奇袭的办法拔掉了九江城附近的湖口等据点，再通过挖地道埋炸药轰开了城墙，这才攻克了九江。

攻下九江，是李续宾在湘军中的最大贡献。九江处于湖北、江西、安徽的交界处，是长江转向东北的转折点，属于战略要地。攻下九江之后，收复安庆、南京就更容易了。当初曾国藩带领湘军势如破竹，正是挫败在九江，在此困顿了两三年。

九江一战后，李续宾成了湘军中最耀眼的明星，也成了曾国藩教育弟弟曾国荃的常用案例。对于曾国荃来说，李续宾就是那种别人家的孩子。

咸丰七年（1857）十二月十四日，曾国藩给曾国荃致信：“弟宜以李迪庵为法，不慌不忙，盈科后进，到八九个月后，必有一番回甘滋味出来。”

咸丰十年（1860）十月初五日，李续宾去世两年后，曾国藩在致曾国荃的信里对李续宾还是念念不忘：“闻迪庵于六年八月在武昌击石逆援贼，即坚守静待之法。每日黎明，贼来扑营，坚守不动，直至申酉间始出击之，故无日不胜。”

（四）天下本无难事

人生路上总会遇到一些风风雨雨，以一颗焦虑紧张的心去面对，往往看不到事物的逻辑和真相，甚至可能把油门当刹车。与其在那一刻懊恼，不如先平复内心，再搞定事情。当生活的拳头狠狠朝你袭来，要做的不是慌张，而是以平静的心态睁大眼睛，盯紧拳头的轨迹，巧妙地躲开，并伺机反击！

> 李续宾说：“天下本无难事，心以为难，斯乃真难。苟不存一难之见于心，则运用之术自出。”

既然没什么难事，又何必要慌张呢？

天生我材

杨载福

字厚庵，湖南善化（今长沙）人，晚清湘军水师统帅。为避同治（载淳）、光绪（载湉）皇帝讳，改名岳斌。

在晚清湘军的将军里，要论早期学历之低，后期成就之大，恐怕没有人可以和杨载福（杨岳斌）相比了。在晚年，因为保卫台湾有功，至今他还被世人称为民族英雄！没学历的杨载福有什么呢？

（一）伯乐曾国藩

杨载福，字厚庵，来自偏远的贫穷山区湖南省乾州直隶厅，就是今天的湘西吉首市，后来他主动把户口迁到了大城市湖南长沙。杨载福是军三代，祖父杨胜儒参加湘西剿匪有功，战死于今天的花垣县雅酉镇黄瓜寨。父亲杨秀贵青出于蓝，更是官至从二品的副将，即“仕至直隶独石口副将”。从史料来看，他父亲在他的升迁路上没有提供任何帮助。

杨载福的学历不高，连秀才都不算，但受到家庭熏陶，从小喜欢骑射，文化科不行就发挥体育特长，很早就入伍，在正规军绿营里当了个小兵。道光二十六年（1846），24 岁的杨载福当了小武官——外委，“由行伍于道光二十六年补湘阴外委”。这大概就是家庭给予他的唯一帮助了。外委是清代武官名，即额外委派的武官，后成定制。外委千总是正八品；外委把总是正九品；额外外委是从九品。史料没有交代此时杨载福的外委是几品，大概太小了，不屑于介绍。

杨载福 27 岁时，因参与镇压新宁李沅发起义，赏戴蓝翎。蓝翎是皇帝赐的戴在官帽上用作装饰和区别品级的，比花翎要低级些。花翎是孔雀毛做的，蓝翎为鹖鸟（即褐马鸡）的毛做的。褐马鸡为我国特有珍稀鸟类，现被列为国家一级保护动物，也很珍贵。

咸丰二年（1852），而立之年的杨载福守湘阴，升为正八品的千总。据《杨勇悫公奏议》记载：“粤匪窜湖南，载福守湘阴有功，升宜昌章营千总。”看来，24 岁那年的外委不是九品就是从九品，太不值一提了。从中也可以佐证，家庭对他的升迁几乎没起什么作用，都得自己努力呀！

也许是升迁太慢，也许是工资太低，也许有什么别的原因，杨载福想跳槽了。咸丰三年（1853），曾国藩在湖南衡州组建湘军，以几倍于正规军的高薪招聘人才。据《杨勇悫公奏议》记载，曾国藩听说杨载福这人不错，就劝他跳槽，过来跟彭玉麟一起辅佐他弟弟曾国葆。虽然杨载福学历不高，但是他业务能力强，也有猎头来挖他跳槽。

> 曾文正公国藩治水军衡州，闻公能，檄至营，令与彭刚直公玉麟，佐其弟贞干军事。

杨载福跟彭玉麟好像一对难兄难弟，大部分时间形影不离。在曾国葆手下干了几天，曾国葆就向哥哥大大夸奖他们，于是杨载福和彭玉麟被曾国藩重视，“公弟国葆亟称两人之才，公拔而用之”。

根据《杨勇悫公奏议》的描述，咸丰三年的时候，曾国藩就让杨载福统领右营即衡州的水师，即“在籍侍郎曾国藩督办团练，治水师于衡州，调载福领右营”。而根据《曾国藩年谱》的记载，咸丰四年（1854）正月，曾国藩设了水师十营，在衡州设了六营，杨载福只是六个营官之一，“衡州募六营，以成名标、诸殿元、杨载福、彭玉麟、邹汉章、龙献琛为营官领之”。按常理来估计，《曾国藩年谱》的记录客观些。

毕竟，八品绿营军官资历还差了些，从四品的褚汝航才是当时水师的老大。不过不管怎么说，杨载福确实是有能力，从曾国葆那边调过来没多久就能够得到曾国藩的重用。没学历，却有业务能力，幸运的是还遇到了伯乐！

（二）屡屡升职

咸丰四年，这是杨载福被曾国藩收入麾下的第二年，也是他官运亨通的一年，因为又可以打仗“刷怪”了。杨载福没有辜负曾国藩的信赖，给水师的立功之旅来了个开门红。农历四月，清廷的军队在湖南湘潭对太平军水陆夹击，取得湘潭大捷。《曾国藩年谱》记载，作为一位公平公正的领导，曾国藩在奏折中保举了塔齐布、杨载福等人。

> 随折奏保副将塔齐布、守备周凤山、同知褚汝航、知县夏銮、千总杨载福、文生彭玉麟、哨官张宏邦、训导江忠淑八员。

在奏折中，曾国藩特地称赞杨载福：在这次湘潭战役中，彭玉麟和杨载福两个营官亲自坐着舢板小艇来来往往指挥战斗，炮声跟雷似的，湘江翻滚得像开水似的，杨载福受了枪伤还坚持指挥。

营官彭玉麟、杨载福亲坐舢板小艇往来督战，炮声如雷，湘波鼎沸；杨载福身受枪伤，尚复指挥鏖战。

受了多重的伤呢？“被贼枪伤左肋、右腿数处”，但是他“裹创血战，奋不顾身，陆续烧毁战船四百余只”。这可能是跟着彭玉麟久了，也喜欢放火了。曾国藩说，这么勇敢的营官还只是蓝翎呢，“请以守备留于本省补用，并请赏换花翎”。32 岁的杨载福因此升为正五品的守备，戴上了花翎。曾国藩真是个好领导！

受到鼓励的杨载福，工作起来更加卖力又卖命。这年七月初一，水师刚收复了岳州。初三日，太平军进行全面反击。曾国藩在七月十一日的奏折中是这样描述的：“杨载福身坐三板艇，由湖东沿岸斜行，捷如飞鸟，初无炮声，及近贼船，举旗一招，众炮齐响，毙贼十余名……补用守备杨载福，手刃贼目，裹创力战，所向无前。”在对杨载福的英勇行为描述完之后，曾国藩就申请让杨载福享受正四品的都司待遇，等有位置空出就让他补上，再赏个勇士称号给他，“应请以都司留于本省遇缺即补，并请赏加勇号”。皇帝同意了，“以都司补用，赏‘彪勇巴图鲁’名号”。

湘军初三日刚把太平军赶走，初五又发现岳州下游名为“擂鼓台”的地方有很多太平军的船。过分了，还想着再来一趟呢！初六，湘军水师逆风向擂鼓台进攻，但是伤得很惨，杨载福就鼓励士兵说，弟兄们，我们的船不到一百艘，他们的船是我们的十倍，如果我们今天退兵了，肯定会死得很惨，我们出其不意地打过去才可能赢。说完后，杨载福身先士卒，径直冲到了太平军后头，和“红孩儿”彭玉麟一起，顺着风在太平军船上放了火。火势冲天，太平军大败。此后，杨载福就以勇略出名了。塔齐布、罗泽南、彭玉麟、杨载福这四个人就是军中的F4，没人能跟他们比。绕到敌后借风放火，这招是他打仗的常用手法。

《湘军志》记载：“壬寅，攻之雷鼓台，寇依岸自保，进攻多伤。会暮，军惧。杨载福曰：‘今退，我船不满百，寇十倍我，败矣，非冒死出奇不得免。’躬乘三板，冲寇屯直下。彭玉麟中炮伤，竟烧寇后舟，寇争还救，乃大乱。载福自此以勇略名，与玉麟皆为水军名将，而陆军有塔齐布、罗泽南。塔、罗、彭、杨，军中无与为比。”

杨载福在擂鼓台把太平军打得落荒而逃之后，曾国藩在七月十六日就帮他申请了奖励和补贴。皇上您看，上次已经升了都司，赏了勇号，这次就升到从三品游击吧！

右营升用守备杨载福，绕出贼后，乘风纵火，初六日之战，甚得其力。前次已保都司即选，并请赏加勇号，此次请免补都司，以游击留于本省，遇缺即补。

身为杨载福的上司，曾国藩不但经常帮部下申请奖赏，而且不抢功劳。这年八月十九日，曾国藩上疏给皇帝说，岳州大战能胜利，都是杨载福、罗泽南他们的功劳，跟我真的没关系的。有上疏为证："月前岳州之捷，皆臣塔齐布及罗泽南、杨载福等数人之功，微臣毫无劳绩。"遇上这样一位无偿举荐的伯乐，相信杨载福的内心是激动的。

太平军从岳州败退后，攻陷了常德，又往北走，攻陷了武昌。在进攻时，杨载福一马当先，被打伤掉下水，但是他又跳到别人的船上，发动大嗓门喊着冲啊。江上火光冲天，烧掉了太平军四十多艘船。乘胜直追，杨载福看到太平军的船逃跑，他竟玩起了"水上飞"，驭船急速前行，并迅速赶上，掉头拦住了太平军，给了太平军当头一击，毁船无数。这一仗后，水师便与陆军会师攻下了武昌。

《杨勇悫公奏议》记载："嗣见贼船下窜，载福急桨出贼前逆击之，尽焚其辎重，驶入汉口，毁船只无数。遂会陆军攻武昌、汉阳，克之。"

攻克武昌后，曾国藩继续向皇帝保举，杨载福得升正三品参将，享受副将待遇。

载福廉明爱士、胆力坚定，从下游逆击而上，甚合机宜。诏升参将，加副将衔。

八月，杨载福又立大功一次。他用二十多艘船剿灭太平军，烧了一千多艘敌船，1 比 50，这杀伤力是真的高，后被实际授予从二品副将。参军一年多，杨载福由八品升到从二品，已经和他爸一个级别了！

这年十月，太平军节节败退，在田家镇以铁索连船，横截江面，严阵以待。杨载福、彭玉麟带领水师断了铁索，把太平军打得大败，并退到了武穴。但是杨载福还想毁灭太平军在武穴下游的船，便追到了龙坪，毁掉了太平军四千多艘船，大获全胜。可惜，杨载福追了一通宵，累得吐血了，这可是真拼命啊。看到下属都熬夜加班吐血了，曾国藩再次向皇帝保举，给他加了个总兵衔，享受正二品总兵的待遇。参加湘军两年不到，杨载福就已经获得如此成就：超过他父亲的终生最高官职。

《杨勇悫公奏议》记载："载福彻夜穷追，劳苦呕血。诏嘉其勤勚最著，加恩赏总兵衔。"

接着，湘军水师顺江东下，进攻江西九江，而杨载福留在武穴养伤，又因为病得实在太严重，就请假回家了。这就给后来的湖口挫败埋下了伏笔。这年十二月，湖口水师的小船部队被石达开诱进鄱阳湖，自此，水师被一分为二。而这其中的原因，就是水师的管理层缺位——杨载福和彭玉麟都在养伤休假。另外，主要是湘军水师内部有管理问题，干部缺位，才出现了这一次挫败。

（三）曾国藩、胡林翼联手推荐

咸丰五年（1855）九月二十三日，曾国藩向皇帝奏道，军中的将领都有各自厉害的地方，但是能做总兵的不多。选了又选，觉得杨载福最好了，廉洁开明还爱护士兵，深得人心，而且每次都身先士卒。湘军作战勇猛，就是因为陆路有塔齐布的带领，而水路有杨载福的带领。曾国藩这夸人的话还真不带重复的。

> 伏查军中将领，各有偏长，而足畀方镇之寄者，颇难其选。臣接奉谕旨，详加体察，查有总兵衔湖南常德协副将杨载福，廉明爱士，深得众心，每战冲锋陷阵，贼党披靡。湖南弁勇所以奋发敢战者，陆路赖塔齐布为之倡，水路赖杨载福为之倡。

有了上司曾国藩的神助攻，再加上杨载福自己争气，33岁的杨载福擢湖北郧阳镇正二品总兵。去年是享受总兵待遇，这次是去掉括号，获得总兵的实职了。

咸丰五年的大部分时间，杨载福在湖北带领外江水师，是在湖北巡抚胡林翼的领导下。十月，胡林翼又推了杨载福一把，赞赏他“载福每战必先，病不言劳、功不言赏，志识高出寻常，为水师将才最”。胡林翼的推荐非常灵验，一求一个准，“疏入，命兼署湖北提督”。于是，杨载福成了从一品的提督。

从参加湘军时的外委，到一品提督，才花了两年时间，升了十四级，远远超过了曾国藩在北京时期的升官速度。曾国藩在家书中谈到“十年七迁”，指的是从道光十八年（1838）中进士到道光二十七年（1847）连头带尾十年升了七次。古人数数习惯是连头带尾地算虚数，而按照现代人的习惯，如果从 1840 年他开始到北京正式上班到 1847 年算起，正好七年时间。这七年，从翰林院检讨（从七品）到“礼部侍郎衔”（享受正二品待遇），一共升了十一级。这段时间，曾国藩在前三年原地踏步，1843 年升了一次，从四川做完主考官回京后才开始加速升级。这升官速度在和平时期让人望尘莫及。在战争时期，杨载福的升官速度更快。

咸丰七年（1857）二月，曾国藩要回家守父丧，交接工作的时候跟皇帝说，水军让杨载福来统领，彭玉麟作为协理。皇帝同意了。不过杨载福之所以能当上水军统领，除了他自己能力出众，与彭玉麟不爱做官也有关。

> 《湘军志》记载：“杨载福所统十营、彭玉麟所统八营，合大小战船五百，炮二千，请以署湖北提督杨载福为总统，

惠潮嘉道彭玉麟为协理。”

这一年，因为连克湖口、彭泽、铜陵等地，杨载福被授为福建提督，还拥有了可以在皇帝跟前的上奏权。即“寻授福建陆路提督，饬专折奏事”。获得了单独奏事权后，杨载福在第二年向皇帝奏了一件事：我想改户口到长沙！《乾州杨氏谱序》写道：“咸丰八年，厚庵自请于朝，占籍善化。”也不知道出于什么考虑，可能大城市长沙的教育资源丰富点吧！后来，他的儿子的确在长沙考中了秀才。真是个有心人哪！

杨载福对自己的恩人自然是十分感激。咸丰八年（1858）六月，曾国藩终于肯回来工作，在家信中，他提到，杨载福送他送到了南康（今江西九江庐山市），并感叹他的用情至深。在这一年，杨载福调福建水师提督，但实际工作地点仍然是长江流域。

到目前为止，杨载福担任的都是武官。在明清两代，武官的地位比文官要低很多。在当时，从一品提督虽然品级高，在实际工作中往往是听从二品的巡抚安排。

（四）救十余万兵民

杨载福在提督的位置上，干了一件太平天国战争期间独一无二的充满人道主义精神的事，即救出了十多万民众。咸丰十年（1860），杨载福亲自监督水师，由芜湖市的鲁港出发航行了百里远，在现在的南陵县，找出当时被太平军围困的陈大富一军，救出民众和士兵十多万人，并且安置到附近的城市东流。

> 《杨勇悫公奏议》记载："十月，亲督师船，由鲁港潜行百里。解南陵之围，找出总兵陈大富一军。救护难民十余万，置之东流一带。"

自从宁国失守之后，百姓们带着老人小孩大都跑到南陵县去了。南陵县的陈大富一军，既没军火又没口粮去接济，忍着饥饿和太平军耗着。但是南陵四面都有太平军守着，想来想去都想不出什么好方法。正当杨载福想得脑壳疼的时候，天公作美，下了大雨，江水涨了很多，沿江的支流都可以行舟了。九月二十七日，陈大富送来密信，催人赶紧去救他们的命，再不来就饿死了。二十九日，杨载福亲自督促炮船前往救援，打探到只有北门一条小河可以通往。经过一番部署，十月初四，陆军登上岸，与水师一起配合，向南陵县靠近。陈大富知道援军来了，便与援军里应外合，解了南陵之围。陈大富本想着修缮好城池，主张防御。但杨载福觉得，虽然太平军走了，可水师不能一直留在这里驻守，万一过几天雨水退了，水师想开出去都难。所以他劝陈大富一起走。初五，水军和陆军一起走，南陵的十多万百姓也跟着，沿途的河堤和狭隘的山口都让各营区搭驾浮桥，让军民们通行无阻。场景相当壮观。

> 初五日，会督水陆大队，缓缓行走，百姓从者约十余万人，沿途如月河口、冈湾、峨桥及各处堤埂隘口，均经先饬各营搭驾浮桥，军民得以通行无滞。

这些百姓为什么会跟着清军走？可见，当地太平军的行为并不得民心。曾国藩在写信给杨载福的时候，还说这是今年唯一让人开心的事："前闻解南陵之围，救出名将、劲卒、义民数万人，为之拍案称快。本年地拆天缺，无一可意之事，独此事令人轩眉。"

（五）意外的总督

在湘军的水师领导中，淡泊名利的彭玉麟爱辞职，杨载福则是爱请假。看来清廷安排的工作太辛苦啦！

咸丰十年，据《杨勇悫公奏议》记载，杨载福跟皇帝请假，说想回去探望生病的老母亲，皇帝特地下诏慰问了一番，然后叫他继续上班了。

咸丰十一年（1861）正月，杨载福又得到了皇帝的奖赏，不过这次不是官位，而是一些小礼物，毕竟武官的品级已经到头了。

> 诏嘉载福出奇制胜，调度有方，赏大小荷包、搬指、翎管、小刀等件。

八月，湘军攻克了安庆，39 岁的杨载福被赏云骑尉世职，这是可以世袭的武散官爵位，其实是赏给杨载福的儿子的。这时，咸丰皇帝已经去世，同治皇帝登基，实际已经是慈禧太后和恭亲王掌权，杨载福的请假得到了批准。

同治元年（1862）正月，杨载福跟皇帝说自己老母亲的病还没好，想要延长休假时间。年轻的慈禧太后没同意，说："值此时事多艰，自当移孝作忠，力图挽救。"大意是，阿福啊，这时正是艰难的时候，你就应该把尽孝转换成尽忠，救救国家。

虽然没有请到假，但是杨载福还是很努力工作，丝毫没有懈怠。同治元年九月，听说杨载福他坐着小船，把五色旗插遍了金柱关的小河里面，四面的炮火跟下雨一样，曾国藩写信嘱咐他一定要注意安全，不能冒险乱来。小老弟啊，内河本来就有很多贼人，你的水师最要紧的是保护好大江，尤其是你，不可以进小河里头，切记切记。

> 以后望谆饬水军，不准登陆打仗。闻阁下曾坐三板、

竖五色旗遍历金柱关小河之内，四面炮子如雨，不知确否？以后务乞慎重，切不可有意冒险。内河陆贼太多，贵部水军以专保大江为要，阁下尤不可轻入小河陆贼丛中，至嘱至嘱！

自咸丰七年起，杨载福就拥有了上奏权，而在同治元年，这一权力却被收回了。当时，杨载福向皇帝上奏，想要调李续宜一军助攻南京，鲍超一军由安徽广德进攻浙江湖州等。

《清实录同治朝实录》记载："杨载福奏，熟筹金陵形势，拟请添调李续宜一军助攻金陵。鲍超一军，可由广德以收湖州，进规苏常等语。"

没想到皇帝不开心了，说杨载福没有好好去了解皖北苗沛霖团练叛乱通匪的情况就敢讲，不懂就别说话，提出来的这个意见就不用讨论了。即"苗练捻匪情形。杨载福自未深悉。所奏应毋庸议"。杨载福不但挨批，还被"禁言"，皇帝下令，让杨载福以后有事只能让上司曾国藩来传达，就算水师有紧要的事情，也要跟彭玉麟一起上奏。从这件事也可以看出，杨载福也许并非善于统筹全局的帅才，而是一个将才。

杨载福应归该大臣节制。以后遇有陈奏事件。仍禀商该大臣酌核具奏。如遇有水师紧要军情不及禀商者。即令会同彭玉麟驰奏。其余仍应由曾国藩出奏。以一事权。

可能是为了讨好皇帝，没办法啊，得罪了皇帝以后可就没法混了，杨载福就把名字改成了杨岳斌。《曾国藩年谱》记载，同治元年七月初十，“又片奏杨载福更名岳斌”。《杨勇悫公奏议》记录：“八月，更名岳斌。”

那这个改名字的主意是谁出的呢？据说是曾国藩给他想出来的，让他改名杨岳斌，就是希望他能如同岳飞一样文武双全。曾国藩跟皇帝说，杨载福写信说他名上有个“载”字，跟皇上您的“载”相同，这怎么行，一定得改名字，打算改名为杨岳斌。皇帝就跟他客气了一番，说什么不用啦。开玩笑，曾国藩这个跟过同治他爷爷的人精哪能不知道太后想着什么。以后就没有杨载福，只有杨岳斌了。

同治二年（1863）十月，湘军对南京城逐步完成了合围，杨岳斌又想请假了。皇帝啊，水师现在也没什么重要事，我家老母亲病情又严重了，就让我请个假吧！皇帝就说了，岳斌你率领水师打了十年太平军，战功显著，我知道你父母年龄大，需要人参补补，你还是好好工作，等打完仗再走。即“诏赐其父母人参四两，慰留之”。

虽然太后老是不给人假期，但是还是给人官位的。同治三年（1864）四月，杨岳斌的职务发生了一个意外的变动，“督办江西皖南军务”，不再是水师提督了。鲨鱼上岸了还会吃人吗？没想到，水改陆只是前奏，更意外的在后面。五月，42 岁的杨载福竟被任命为陕甘总督，这可是文官，地位比从一品的提督还要高！没有秀才学历而当上总督的，在清廷历史上都没几个！为了让杨岳斌为朝廷拼命，清廷也是很舍得。不过，圣意要杨岳斌去江西打完仗，才去陕甘上任。

> 《杨勇悫公奏议》记载："同治三年四月，诏岳斌以提督督办江西皖南军务……五月，授陕甘总督，命迅赴江西督饬诸军，力图扫荡；俟江皖贼氛净尽，即行前赴陕甘任事。"

任命杨岳斌为陕甘总督，究竟是谁的主意？有人说是左宗棠的主意，但是尚未找到出处。不管谁提的。事后证明，这个主意真的不怎么样。

（六）甘肃遇挫

同治三年九月，杨岳斌又想请假，这回不仅是因为双亲多病痛，自己的陈年老伤也很严重。太后说，老杨啊，你辛苦了，而且你父母都七十多岁了，我理应给你放假。即"杨岳斌统兵十余年，冲冒矢石，力疾苦战，伤病交作，且其父母年皆七十有余，原应俯如所请"。所以太后就给杨岳斌派了个任务，这次去甘肃剿匪需要陆军，你回湖南疗养探亲的同时顺便招个七八千人。

> 惟有亲赴湖南募勇，即舆疾南归，先遣得力营官认真招募精勇七八千人；即可趁此访医调治，就近省亲。

同治四年（1865）四月，杨岳斌到了陕西和甘肃地区。流年不利，咸丰四年是杨载福的幸运年，而同治四年则是他的霉运年。在这里，杨岳斌遇到了前所未有的困难。在给皇帝的奏折中他谈到，陕甘地区和江南地区不一样，“东南数省，不患无粮，患无饷”，而这里不仅筹钱难，而且筹粮也困难，“甘省既虞饷乏，又虞粮少”。陕甘地区为了筹钱，卖官给一些富人，而富人得到官后，总是想捞回本，“既有所捐于前，不能无所偿于后”，于是拼命压榨老百姓。杨岳斌这样形容当地的荒凉，“人烟稀少、田地荒芜”，而老百姓“鸠形鹄面，略具人形”。最后他希望皇帝“宽以时日”，以便他“从容整理”。然而，还有一个他没指出来的困难——这是他第一次自己主导的大规模陆军行动，既要筹粮饷，又要指挥战斗。这哪里是他的特长呀？！他过去绝大部分经验集中在水师统帅，粮饷有曾国藩在后面筹集。

果然，农历九月，提督雷正绾部发生哗变。杨岳斌花了小半年时间，于同治五年（1866）二月，用武力平定了哗变。

没想到一波刚平一波又起，三月，总督衙门附近的当地士兵协标兵发生哗变，杀了幕僚、警卫兵，并且还挟持了布政使林之望，让林之望上奏朝廷，批评杨岳斌对湘勇有偏爱，“重勇轻兵、积愤所致”。太后给出了处罚措施，“降二级留任”。这年六月，不知道为什么杨岳斌还拆了林之望给皇帝的奏折，被得知后又被降级处分。

郁郁寡欢的杨岳斌给皇帝上疏辞职，获准。即“疏入，诏准开缺，调左宗棠为陕甘总督”。皇帝说，等左宗棠来了，你就回家吧。然而，左宗棠迟迟没到位，杨岳斌的病也越来越重。同治六年（1867）正月，杨岳斌再向皇帝陈述病情，希望让将军穆图善来代理总督。即“六年正月，再陈病状，请饬将军穆图善就近赴省暂署督篆。二月，诏可”。

心情郁闷的杨岳斌自此回到湖南老家，疗心伤疗身伤，休息了整整八年，直到同治皇帝驾崩。光绪元年（1875），杨岳斌回来叩拜同治皇帝梓宫，随后恳求太后让他回去赡养父母。但是太后哪里肯轻易放他走，而是让他跟彭玉麟一起去巡阅长江，巡阅的时候顺便回家看父母就好了。

《杨勇悫公奏议》记载：“杨岳斌于水师一切事宜最为熟悉，着前赴长江一带，每年与彭玉麟往来巡阅，将各营水师认真整顿，并准其会衔奏事。”

光绪四年（1878），因为父亲生病，杨岳斌申请不巡阅长江，在家赋闲，得到了皇帝的批准。直到光绪九年（1883），法国人在沿海挑衅，老佛爷终于想起这个十六年没有打过仗的湘军水师统领。

（七）民族英雄杨岳斌

光绪九年，法国侵略越南时，顺路还打到台湾来，沿海戒严。老佛爷让当时辞职在家的六十一岁的杨岳斌出山来负责福建海防事宜，即“诏令岳斌会办福建海防事宜”。杨岳斌这时已经是老人，他的母亲就更老了。光绪十年（1884）正月，杨岳斌还是想辞职在家照顾病重的老母亲，圣意让他母亲病好一点就赶紧去福建，即“令俟母病稍愈，即遵前旨赴闽”。七月，湖广总督卞宝第上疏催杨岳斌赶紧上班。疏曰：“战局已开，军情万紧；杨岳斌深谙兵机，当移孝作忠，力图报称。”在各方催促下，杨岳斌回来继续上班了。九月去江南帮办军务，又因为法兵占据了台湾基隆，改帮办福建军务。

九月十四日，南、北洋兵轮在上海会齐，由杨岳斌统带援台。十二月十四日，杨岳斌抵福州。二十八日，杨岳斌率军队到泉州。

光绪十一年（1885）正月，杨岳斌带领部队从福建泉州的秀涂口岸，偷偷地渡过台湾海峡，登录台湾埤南，即今台湾省南部的台东县。

> 《杨勇悫公奏议》记载："十一年正月，岳斌率所部由秀涂口夜渡埤南。"

据《法军侵台档案》记载，杨岳斌正月十八出发去台湾可不轻松，"驶行二百里远，迷雾四起、大风复作，万难前行"。又估计十九日早潮前不能赶到，于是回了泉州的金门。十九日晚上乘小船往台湾澎湖列岛出发，但是港口有法军的船只巡逻。二十一日早上才绕了一个大圈，抵达台湾南部的台东县登陆。

> 斌十八夜坐"长胜"小轮放洋，对渡鹿港；且计十九早潮必不能赶进鹿港，遂回轮寄泊金门山外。十九夜，另乘小轮往澎湖，探明对渡之安平、布袋等口皆有法船游泊；星夜即鼓轮直南折东。二十一早，绕至台湾后山之埤南厅登岸。

二月，布置好南部的防务之后，杨岳斌又带领士兵北上，抵达台湾西北部的淡水，即今新北市淡江大学附近。这样一来，杨岳斌的部队和台湾北部基隆的刘铭传部队形成互为犄角的防守态势，令法国人望而生畏。

> 《杨勇悫公奏议》记载："二月，驻军台湾，筹布台南防务；联络绅民，数日间集团勇万余人，排日操演，严为之备。驰抵淡水，与巡抚刘铭传所部进薄基隆，互相犄角。"

由于久攻不下，法国人可能也觉得捞不着好处就想着算了不打了。三月初一日，法船撤除台湾封锁。二十九日，李鸿章与法使巴德诺开始谈判。四月二十七日，中法新约议定，在津签订。五月初九日，法兵全部撤离基隆，“法兵准于初九日退出基隆”。

八月，六十三岁的杨岳斌这次终于可以退休了，能够顺利退休一定要感谢一下之前老是不给请假的老佛爷。太后啊，我现在已经没有什么事做了，谢谢您让我回家，感动到想哭。能够回去奉养父母，我会永远感激您的慈悲的！

> 臣在闽省现无经手未完事件，仰蒙俞允撤营事竣，回籍养亲，感激涕零！拟于八月二十八日起程，附乘“登瀛”轮船由海道回籍，终养衰龄病母，永戴圣慈。

自清康熙二十三年（1684）设置了台湾府后，台湾是属于福建省的。到了光绪十一年九月初五日，台湾设省，并调福建巡抚去台湾担任巡抚。

而这个时候，光荣退休的杨岳斌老先生，终于可以安心在家奉养老母亲了。光绪十二年（1886），因为杨岳斌功勋显著，清廷把他的画像挂在了紫光阁。光绪十六年（1890），六十九岁的他在家中去世，按照古人算虚岁的习惯，正好是七十古来稀。这年初夏，杨岳斌的祖籍地大塘坡一带下起了大暴雨，湖水泄流。村民发现湖泊底部有个巨洞，洞壁上布满一道道刮痕。有人说，那些刮痕就是犀牛角印，而杨岳斌是犀牛精化身，如今他完成使命，犀牛精也以风雨掩护离去。不过这也只是个传说。落叶归根，杨岳斌最终被葬在了湘西吉首市平山坡村，而他的陵园也成了爱国主义、民族团结教育基地。

（八）结语

纵观杨载福传奇的一生，他之所以能连连升迁，与他的业务能力是分不开的。而早期业务能力的形成，与他的家庭背景也有一定关系。首先，出身军事世家帮助他培养了军事技能。一般老百姓家里吃不饱饭，哪有机会骑马？这起点虽然低，但好歹也赢在起跑线上。其次，有些优势固然重要，但更重要的是肯付出，肯努力。再次，这也是很关键的一点，就是跟对了人，跟了一个爱提拔下属的领导曾国藩。杨载福有哪里干得好的，曾国藩总是要在皇帝面前夸奖他，给他升职的机会。他运气也是太好，后来想提拔他的人太多，把他提拔得超出了自己的能力范围，结果导致他后来坐了十六年的冷板凳。最后，被中法战争的大形势所召唤，临死前成了民族英雄！也许这就是时势造英雄吧！

第三章

陈年老友

侠之大者，以节烈死

江忠源

字常孺，号岷樵，湖南新宁（今邵阳）人，晚清名将。团练兵成为“楚勇”，官至安徽巡抚。谥号忠烈。

什么叫“侠”？有门技术在身，好勇斗狠，只算“武”不算“侠”。侠者必须做正义的事，帮助他人，扶危济困。司马迁没有把刺秦王的荆轲归在《史记·游侠列传》里头，而是归为了《史记·刺客列传》，可能就是因为荆轲没有什么可以称道的助人行为。

什么叫“侠”？帮助他人以图回报不算侠；帮助他人不图回报也不一定是侠。较大幅度帮助他人而不求回报甚至牺牲自身利益的，才算是侠义。《史记·游侠列传》记载，鲁国的朱家没什么钱，却经常扶危济困，还救了季布的命，等季布地位尊贵后却不与之相见，因为他不想挟恩图报。

从古至今，侠士都是“稀缺动物”。不过，曾国藩就有一位侠义的朋友——江忠源。

（一）千里送灵柩

江忠源，号岷樵，湖南新宁人。据《光绪新宁县志》记载，江忠源的仗义远近闻名，“于所居里门，尤以义声彰闻远近”。

县志描述，江忠源曾三次护送朋友的灵柩回湖南老家，即“前后间关数千里，三归其师若友之旅榇”。当时交通不发达，雇马车驮着灵柩从北京到湖南要走一个月。且不说路途要花费多少银子，就说有哪个旅店愿意接收带着棺材的客人呢？总不能把棺材丢在外面。江忠源出钱又出力，图的只是帮死者圆一个“叶落归根、魂归故土”的梦。

江忠源第一次送灵柩是在道光二十五年（1845）六月。这年，江忠源的老乡邹柳溪在京城病逝。即“乙巳六月夏，邹君死帝乡”。江忠源不仅尽心尽力地料理了邹的后事，还亲自送邹柳溪的灵柩回老家。新宁县真应该给江忠源颁个“十佳老乡奖”。

> 今年新化孝廉邹柳溪在京久病而死，一切皆江君料理，送其灵榇回南。

第二次送灵柩发生在这年的八月。根据史料推测，江忠源到了湖南之后很快就再次进京，可能要办什么事情。《曾国藩家书》记载，八月十一日，与江忠源同行的老师邓铁松在回湖南的途中病逝。

> 湘乡邓铁松孝廉于八月初五出京，竟于十一日卒于献县道中。幸有江岷樵忠源同行。

根据江忠源所作的悼念诗描述，由于银两不够，他还典当了自己的衣服来买棺材，连棺材店的老板都感到惊奇。即“典衣买柳棺，鬻者尤居奇”。在护送邓老师的灵柩回湖南的路上，人们见到棺材都远远躲避，甚至赶江忠源走，“异乡恶死人，见辄走避之。逐客令屡下，安望持其危”。曾国藩在日记中感叹道，江忠源真是太不容易了。

> 今又扶铁松之病而送其死，真侠士也。扶两友之柩行数千里，亦极难矣。

上面两位让江忠源送回去的同乡都是曾国藩书信里提到的，还有一位是他没提到的。据《中兴将帅别传》记载，江忠源的老乡曾春田去世后，也是由江忠源护送灵柩回去的。

同年生武冈曾如鑨、湘乡邓鹤龄、陕西邹兴愚先后死京师，贫不能返葬，公皆身护其丧归，由是人多公义。

根据江忠源所写的悼念诗，这次送灵柩应该发生在道光二十七年（1847），因为诗中提到前年护送邹和邓的灵柩回乡非常艰难，“前年邹与邓，艰难已万状”。地点应该是北京附近，“慷慨走幽燕，谈笑轻波浪……何期近国门，一病天不相”。从这里也可以推测，江忠源的家庭条件和身体素质都是比较好的，否则哪能经常来往北京与湖南之间呢？江忠源用“孤棺战烈日”来描述此次回乡路的情形，心里还想着何时能让老乡入土为安，“何时到其家，白骨就黄壤”。

经历了这三次事件之后，当时的民间有了一句调侃江忠源与曾国藩的话：“包送灵柩江岷樵，包做挽联曾涤生。”作为湖南老乡在京城的杰出代表，曾国藩在业余时间经常主持打理湖南会馆的一些事情，比如一些老乡的婚嫁丧娶，加上文笔不错，估计写了不少挽联。说到底，这两个人都是古道热肠啊！

（二）初识曾国藩

那么曾国藩是怎么认识江忠源的呢？据《曾国藩年谱》记载，道光二十四年（1844）八月，江忠源进京考试，通过郭嵩焘见到了老乡、翰林院侍读曾国藩。即“八月，新宁江公忠源以公车留京师，因郭公嵩焘求见公”。江忠源只和曾国藩谈了一些市井琐事，聊了一会儿八卦，但曾国藩却对介绍人郭嵩焘说：“京师中这样的人才很少了，这个人将会名满天下，但是也会因为节义而死。”就算在普通的聊天中，也能不经意地展现自己的过人之处啊！

> 回顾嵩焘曰：“京师求如此人才不可得。”既而曰：“是人必立功名于天下，然当以节义死。”

不过，清人笔记《啁啾漫记》有不同的说法，认为江忠源是直接通过门人送上名帖来拜见时任翰林院左庶子曾国藩的。曾国藩还说江忠源是个无赖，让门人赶走他。

> 曾时官左庶子，刺入，曾愠曰：“此新宁秀才江岷樵，素无赖，善辞遣之。”

当然，《啁啾漫记》毕竟是野史，不可尽信。道光二十四年，曾国藩没有任过翰林院左庶子这个职位，只任过翰林院侍讲、庶吉士、侍读这三个职位。不过野史很有趣，书中记载，门人把曾国藩的话传达给江忠源后，江忠源态度严肃地回答：“我确实是喜欢赌博，但是曾国藩岂会拒绝人改过呢？”曾国藩听了门人转述的话，很惊讶，就把他迎入府中。看来机会还是要自己去争取啊!

在府中，江忠源预测天下将会大乱，把当时的人吓了一跳。毕竟当时天下太平，做这么个预测是很大胆的，太不吉利了。就像股市一片牛市的时候，预测股灾一样。江忠源对天下大事侃侃而谈，声音洪亮得快把屋顶的瓦都给震动了。看来江忠源中气十足呀！难道大侠说话都是这样的吗？《水浒传》里的鲁智深，还有武松都是这样的。江忠源的手画来指去的，连茶杯落在地上都没顾上去捡起来，仍然谈笑自若，曾国藩开始佩服他了。

> 时朝野承平久，公独以为将大乱，侃侃言天下事，声震屋瓦，手指壁画，袖拂茗盏堕地，公谈自若，绝不顾，曾深敬礼之。

总之，不管哪个说法，有一点是一样的，那就是曾国藩对江忠源“一见倾心”了。事实证明，曾国藩眼光非常准确。道光二十七年，江忠源从镇压雷再浩起义开始，不断立功。在湘军系统中，江忠源是最早有军事经验的人。曾国藩办团练的初衷就是给江忠源做后勤保障，训练一批士兵供给前线的江忠源。

道光三十年（1850），咸丰皇帝刚登基时让曾国藩推荐人才，曾国藩推荐了包括江忠源在内的五个人，还夸赞江忠源“忠义耿耿，爱民如子”。从此江忠源算是正式进入清廷的人才库了。咸丰元年（1851），大学士赛尚阿赴广西镇压太平军，江忠源被征调到军中。当时的副都统乌兰泰一见到江忠源就非常器重他，“一见而极重之”，有什么事情都要咨询江忠源。乌兰泰的表现和曾国藩出奇的一致，都对江忠源“一见钟情”。可见，江忠源的魅力很大。

（三）有组织领导力的侠士

一个侠义又具有较强组织领导力的人，注定不会一生平淡。江忠源就是这种人。曾国藩在书信中说：“国藩所鳃鳃治办一切，练勇置械，稍廓规模，实恃斯人为我先导。”大意是，自己之所以练兵有头绪，主要依靠江忠源的引导。清代笔记《咸同将相琐闻》认为，湖南湘军的功勋、士气，都是因江忠源的指引才有的。

> 楚军之功勋，江公引之也；湘人之士气，江公作之也；江公种其因，后人食其果。

作为一个好领导，江忠源做事十分公正。江忠源的弟弟江忠信在年轻时放荡不羁。十六岁还在叛逆期就跟从江忠源在广西军里混。有一次江忠信犯了军令，要不是士兵们求情，江忠源可能就送他弟弟去见列祖列宗了。

忠信，少跅弛不羁，年十六，从忠源赴广西军。犯军令，忠源将斩之，众为乞免。

在实战中，江忠源的领导力也很强。蓑衣渡之战是清廷战胜太平天国的重要一战，也是太平军起义以来第一次遭到重挫。蓑衣渡是湘江上一个重要的渡口，如果蓑衣渡失守了，将会危及长沙。更重要的是，蓑衣渡战役击毙了太平天国南王冯云山，让太平军少了一个制约杨秀清和洪秀全的元老，破坏了太平天国的高层权力之间的平衡，间接导致了后来太平天国的内讧。江忠源可真是湘军的锦鲤！在蓑衣渡之战中，江忠源命令部下砍下树木堵住河水，把太平军的水军拦截下来，经过两天两夜的激战才打败太平军。

可惜太平军很顽强，还是逼到了长沙城下。江忠源发现太平军驻扎在地势很高的天心阁上，心里一惊。如果让太平军占据这里，长沙就危险了！于是他带领士兵攻上了天心阁，打退了太平军，打死了太平军的八千岁西王萧朝贵，长沙得以暂时保住。

忠源望见天心阁地势高，贼栅其上，惊曰：“贼据此，长沙危矣！”率死士争之，贼败退。

刚刚打败了冯云山，又打败萧朝贵，江忠源打的仗都有干货啊！

江忠源不仅是个实干家，还是个理论家。咸丰三年（1853），他给皇帝上疏，指出了几项重要的加强军力的举措。其中一项就是要军法严明。他分析，太平军往往把新兵放在前面，新兵后退就会被老兵杀死，所以太平军只有前进才有活路，而清军后退有活路，这样不用交战就能分出胜负了。做太平军战士也不容易呀！

> 一曰严军法……贼之战也，驱新附于前，以故党乘其后，却则击杀。故贼退必死而进乃生，我退必生而进则死，不待战阵，而胜负分焉已。

一般人去战场上哪怕拿个望远镜看两小时都看不出谁是新兵老兵，还有一些人可能看到血就晕了。江忠源的气度和观察力真是让人佩服！

另外，江忠源还提出要淘汰质量差的士兵。技术只是次要，有胆量、质朴、吃苦耐劳的品质才重要，这样的士兵忠诚听命。

> 一曰汰冗兵。选兵胆气为上，坚朴次之，技艺又次之。质实耐苦之人，令进则进，令退则退，其身听命于将而不知它。

这一点其实和曾国藩的用人标准是一样的。一个士兵会不会武术套路，会不会气功，对战场厮杀用处不大。关键是服从命令，吃苦耐劳，充满斗志。这也与企业相似，技术好但很懒散的员工大部分企业不想要。技术没那么好，但是肯用心、勤快地做好本职工作的员工，企业一般不会开除。

除此之外，江忠源还提出了重要的战略思想：首先要守住自己的城池，其次才是进攻，做到能够制伏别人而不被威胁到。

一曰戒浪战。用兵之道，能守而后能战，能制人而后不制于人，能避贼之长而后可用吾之短。

后期湘军的战术，尤其是曾国藩的结硬寨、打呆仗都是基于这个战略思想，可见江忠源对湘军的影响有多大。

湘军中的水师也是因为江忠源才创立的。曾国藩在给皇帝的上疏中提到，咸丰三年，太平军围攻江西时，江忠源就看到了长江水师的重要性，提出创立水师的想法。这年冬天，曾国藩就赶往衡州打造战船了。

咸丰三年，贼围江西。曾国藩命罗泽南等赴援解围，后函商江忠源奏请创立水师，为三省会剿议。

纵观整个太平天国战争，水师在肃清江面、运送粮草方面起到了至关重要的作用。如果说曾国藩是湘军水师之父，那江忠源就是“水母”啊。

这样雄才大略、侠肝义胆的领导，放在任何地方都能发挥极大作用。曾国藩的幕僚薛福成说，如果再给江忠源一些时间，其功勋可以与胡林翼和曾国藩相媲美。即“薛氏言稍假之年，其所建树当与胡曾相颉颃，谅矣”。

咸丰三年九月，清廷为了鼓励江忠源去重灾区安徽作战，把他升为安徽巡抚。根据《清史稿》记载，江忠源在合肥被围困了一个多月，军中粮食都耗尽了。城被攻破时，江忠源看到没有希望，想拿刀自杀，被左右阻拦。仆人背着他时他奋力挣脱，继续战斗，最后在桥上投水自杀。验证了曾国藩“以节义死”的预言。对江忠源来说，生命诚可贵，节义价更高。

> 忠源掣刀自刎，左右持之。一仆负之行，忠源奋脱。转战至水闸桥，身受七创，投古塘死之。

江忠源的逝去让曾国藩很悲痛，他常常回想起江忠源的忠肝侠气，说：“独其忠肝侠气，若常照吾之目，思之无终极也。”很多人佩服曾国藩的预言，其实曾国藩可能也是随口一说。假如江忠源不去重灾区安徽战斗，而是像曾国藩一样固执一点，坚持从上游湖南开始战斗，顺江而下，可能就不会那么快战死。

（四）结语

纵观湘军的历史，像江忠源那样有很强组织领导力的侠士，只有一个。纵观古今，有侠义心肠又能做领导的屈指可数。曾国藩有江忠源这样的朋友，是他的幸运；曾国藩能辨别赏识江忠源这样的朋友，是他的睿智。金庸说：“为国为民，侠之大者。”江忠源大概就是这样的侠之大者。

医者，疗身辅心

欧阳兆熊

字小岑（晓岑），自号匏道人。湖南湘潭县锦石人。清末书法家、医家。

欧阳兆熊，字小岑（晓岑），湖南湘潭人，晚清知名的医生，也是曾国藩的好朋友。著名中医书籍《四圣心源》的其中一篇序言，就是欧阳兆熊所写。欧阳兆熊的父母生病时，他侍奉左右，也常爱翻阅各种医学书籍。

“余自束发，侍先父母疾，即喜翻阅医书”，俗话说“久病成医”，看来孝子欧阳兆熊是因父母病而成医。他的医学知识既来自实践，又来自理论。

关于人生至少应该有哪几种职业的朋友，有多种说法。

比较公认的意见是，律师、医生不可缺少。他们一个身着黑色律师袍，一个身穿白大褂，都是帮人消灾的。医生治病，律师解决纠纷。细细想来，律师和医生还真是必不可少的两种朋友，尤其是医生！人吃五谷杂粮，不管财富多寡、官居何位，谁没有个病痛呢？如果没有医生，将是一件多么可怕的事！曾国藩年轻时体弱多病，后来又特别勤奋操劳，可能老天太想降大任给他，经常苦其心智，劳其筋骨。曾国藩经历了刺激神经折磨肉体的战争，还能活到六十多岁，多亏了身边有个医生好朋友欧阳兆熊！当然也不是说一定要怀着目的去结识朋友，只能说，曾国藩结识到欧阳兆熊这样的好朋友实在是终身受益呀！

道光十八年（1838），二十七周岁的曾国藩高中进士，这可是大喜事！按照清朝规矩，曾国藩可以先回家玩一年，道光二十年（1840）正式来北京翰林院上班，这与当今高考完要放一个小长假是一样的道理。道光二十年，是鸦片战争开始的一年，也是曾国藩正式登上历史舞台的一年。曾国藩刚到北京工作就水土不服，病得很严重。传说曾国藩是蟒蛇精转世，按理说怕冷才对，可是曾国藩这辈子特别怕热。这年七月初一，天气炎热，病号曾国藩移到北京果子巷的万顺旅店住，陪他住一起的就是欧阳兆熊。

初一日，见病势恐加，移寓果子巷万顺店，与湘潭欧阳小岑同住。

到了七月二十几日，曾国藩的病情都不见好转，就要奄奄一息了。湖南同乡陆陆续续地来了很多人，准备送曾翰林最后一程，个个摇头叹息，“小伙子可惜了！”但是欧阳兆熊没有放弃对好友的治疗，对其悉心照顾，“同居欧阳小岑时时诊视，医药一切，皆小岑经理护持”。这时，还有一个略懂医术的朋友吴竹如觉得曾国藩还能再抢救一下，提出只要多吃点犀牛角、地黄汤来滋阴散热就肯定能好转。顺便说及，吴竹如也是京官，中医只是他的副业，后来活到八十岁。幸运的是，在吴竹如的药方和欧阳兆熊的精心呵护下，过了几天，曾国藩的病情慢慢好转，逐渐痊愈。

甚赖服药不差，又有小岑时时检点，至八月初旬，渐有好机。

至于曾国藩为什么生了这么严重的病，说是因为瘟疫，我看可能也跟熬夜有关。翻阅资料后发现，这一年的六月下旬，曾国藩总是和欧阳兆熊在一起搞娱乐活动。比如，道光二十年六月十八日，三个人在曾国藩宿舍，打牌打到半夜三更。

夜，大雨。张芸阁因邀小岑同来余寓，斗牌为戏，至三更。

病好了之后，也经常熬夜。比如这年的十一月十二日，在欧阳兆熊宿舍下棋，然后卧谈会开到凌晨才入睡，“夜写(歇)欧小岑处，下棋两局，谈至四更始睡”。没有父母在身边，一个人北漂的曾翰林，真是叫人不放心啊！

话说这个多功能的欧阳兆熊在北京干什么呢？考进士。可惜一直没考上。道光二十四年（1844），他就回湖南了。根据曾氏日记，这一年，他让欧阳兆熊捎带了一个大箱子回湖南老家，并且自己付了一半的运费（厚道人）。

> 其银待欧阳小岑南归，孙寄一大箱，衣物银两概寄渠处，孙认一半车钱。彼时再有信回。

曾国藩和欧阳兆熊的再次见面，大概是咸丰二年（1852）年底。因为这年，曾国藩的母亲去世，他得回家守孝。紧接着，天下大乱，太平军的烽火烧到了湖南。曾国藩奉旨办起了民兵，维护当地治安，当起了保安大队长。欧阳兆熊此时在湘潭当教谕，常写信给曾国藩谈到一些教育补贴的事情，并且对老朋友的团练民兵建设提出了八大意见。其中一大建议就是建立审案局，清理一些刑事案件。曾国藩欣然采纳这一意见，即“文案不立不足兴事，诚如尊谕。顷已在公馆立审案局”。曾国藩通过审案局，以雷霆手段杀了两百多个土匪或者疑似土匪，维护了当地治安，但也触犯了一些地方官的利益，被起了一个很难听却流传至今的外号——“曾剃头”。另一个建议就是集思广益，多采纳别人的意见，曾国藩的回复是既要心中有定见，又要广泛采纳意见。即“集思广益本非易事，要当内持定见而六辔在手，外广延纳而万流赴壑，乃为尽善”。

由此可见，欧阳兆熊不仅是一个有业务能力的医生，而且是一个有阅历、有见识、懂管理的医生。

咸丰七年（1857），曾国藩弃军权回家守孝，被左宗棠和其他官员所诟病，内心焦虑，得了失眠症。欧阳兆熊非常了解曾国藩，推荐了名医曹镜初给曾国藩看病，并且说道家的黄老之术可以治心病。曾国藩因此受到很大的启发，直接促使他的行事风格从刚猛变得更加柔和。

咸丰十一年（1861）二月，欧阳兆熊投奔曾国藩大营，成为曾国藩的一个重要幕僚。对这个医生朋友的到来，曾国藩非常高兴，和他彻夜长谈，熬夜的老毛病又犯了。二月二十三日记载：“欧阳小岑来圣谈，至五更初始去。”二月三十日记载：“与欧阳小岑围棋一局，又与之圣谈甚久。”俗话说酒逢知己千杯少，曾国藩这是话逢知己不嫌多。

当然，欧阳兆熊的主要身份毕竟是医生。有医生朋友的好处是能给自己看病，还能推荐给其他朋友看病。咸丰十一年八月，曾国藩的好朋友、湖北巡抚胡林翼病重，曾国藩决定派欧阳兆熊去看病，由于风太大没去成，直到九月初一，才正式启程，“筱岑兄今日赴鄂诊视尊恙”。可惜胡林翼已经病入膏肓，不久便不治而亡。

在曾国藩幕府，欧阳兆熊很受重视，经常被派给一些好差事，但他都没有接受，宁愿做一个平民医生。据说，欧阳兆熊开的诊所，雇用了十几个人，一天能接待三百个病人，俨然一个小医院。他所著的《水窗春呓》成为研究晚清的重要史料。关于欧阳兆熊什么时候去世的，并不清楚。如果说“行千里路，读万卷书，布衣亦可傲王侯”，欧阳兆熊大概就是这样的布衣吧！

当曾国藩去世的时候，布衣之交欧阳兆熊写了如下的挽联纪念：

矢志奋天戈，忆昔旅雁传书，道精卫填海、愚公移山，竟历尽水火龙蛇，成就千秋人物；

省身留日记，读到获麟绝笔，将汗马勋名、问牛相业，都看作秕糠尘垢，开拓万古心胸。

斡旋撮合，初心相伴

郭嵩焘　字伯梁，号筠仙，湖南湘阴人。道光二十七年进士，湘军创建者之一，官至广东巡抚。中国首位驻外使节。

有一种热心人似乎天生擅长撮合别人，不是撮合别人的婚姻，就是撮合别人的饭局，或者撮合某种业务。他就像各种社会关系的圆心，有什么事情找他，总能获得有效反馈。认识他，就相当于认识了一大群人，还不收中介费。与这样的人做朋友，真是一件幸事。在曾国藩的朋友中，郭嵩焘就是这样的人。

（一）撮合家

郭嵩焘和曾国藩的见面，是被中介人刘蓉撮合的。据《近百年湖南学风》记载，郭嵩焘在岳麓书院认识了刘蓉，正好曾国藩经过长沙，两人一见如故，结为好友。

> 游岳麓书院，识刘蓉，而曾国藩自京师归，道长沙，与蓉旧好也，介相见，欣然联欢为昆弟交，以问学相切劘。

有空去名牌大学逛逛，多认识些优秀的朋友，还是有好处的。

郭嵩焘给曾国藩介绍的最重要的朋友，恐怕就是湘军元老江忠源了。据《曾国藩年谱》记载，道光二十四年（1844），江忠源进京，通过郭嵩焘的引荐才见到了曾国藩。

> 八月，新宁江公忠源以公车留京师，因郭公嵩焘求见公。

这只是一个最重要的例子，其他不重要的撮合案例就更多了，比如帮人做媒也很常见。道光二十七年（1847）六月，曾国藩的好朋友陈岱云就请郭嵩焘做媒，想和曾国藩结为儿女亲家。曾国藩在写给父母的信中提到了这件事：“前陈岱云托郭筠仙说媒，欲男以二女儿配伊次子。”

太平军起兵之后，清廷命令曾国藩去办团练，曾国藩一开始不愿意去，也是郭嵩焘出面撮合的。咸丰二年（1852），据《清史稿》记载：“会粤寇犯长沙，曾国藩奉诏治军，嵩焘力赞之出。”怎么曾国藩别的朋友没来劝呢？可能这撮合行为是性格使然。

大概郭嵩焘善于撮合的能力在朋友圈中出了名，曾国藩竟然交给他湘军创办初期最难办的一件事——募捐，在那些有钱有官瘾的乡绅与曾国藩之间牵线搭桥。曾国藩初办湘军的时候，清廷又要马儿跑又要马儿不吃草，资金来源不是财政拨款，而是乡绅募捐。在当今太平盛世，对无财政拨款的公益机构来说，募集资金永远是重点工作之一，更何况在乱世。比如曾国藩向陶桄募款，就碰了钉子。陶桄是已经去世的两江总督陶澍的儿子，是个官后代，还是左宗棠的女婿，家底还是有些的，但是不愿意出钱。曾国藩非常生气，就写信给郭嵩焘说，想当初道光十五年（1835）我在北京，听说陶澍给京城的官员送“别敬”多达五万两银子。家里那么有钱，竟然“今欲一毛不拔，实非人情之平”。曾国藩接着说，如果陶家不出三万两，我就启奏皇帝，北京还是有几个人能主持公平的，不会让你郭老弟因我而受委屈的。大概郭嵩焘这次又充当了向陶家劝捐的中介人，所以陶家对郭嵩焘有怨气。曾国藩多年以后回忆，自己大概就是在向陶家募款这件事上得罪了左宗棠。

那么为什么向陶桄募款这么难呢？因为陶桄地位显赫，没有捐官的需要。真正有捐款动力的是那些没有政治地位的乡绅，弄个官的品级，充充门面。曾国藩手中的资源就是“部照”，即朝廷六部发的代表品级的凭证，是一种政治待遇，但并没有实际的官职。有些乡绅可能不知道各种品级部照的行情，有些乡绅知道了想以同样的价格买更高的品级，有些乡绅则希望摆摆谱等着官方主动来找自己。曾国藩为了筹钱，还可以根据各种乡绅的具体诉求“量身定做”。于是，这种募资活动，就需要一个才思敏捷的中介来撮合。曾国藩写信对郭嵩焘说，老弟啊，你赶紧来湘潭吧，专门办理这件事，老哥我也算是用你的特长，不会让你远征去危险的地方的。为了加强语气，曾国藩还说，刘蓉已经跟我约好在湘潭等我，我今天也直说了，以后我不会用书信来强迫你的，即“痛切直陈，此后更不以书相强矣”。

郭嵩焘还算够朋友，从咸丰四年（1854）到咸丰七年（1857），一直帮助曾国藩筹集资金以及处理其他一些事情。但是撮合型人才不会一直待在某个地方，总是要经常走走才能尽兴，所以偶尔也出几趟远门，比如其间就去了一趟上海，参观了外国人所办的图书馆和轮船，可能还喝了点红酒，对西方文化也颇有感触。

咸丰七年二月，曾国藩回家守孝了，没有了曾大哥的军营，也没人讨论学术问题了，生活是空虚难熬的，郭嵩焘就回老家了。咸丰七年年底，郭嵩焘又回北京了。为什么说“回”？本来他就是翰林院的编修，毕竟北京翰林院才是正式工作，和曾大哥一起打仗是兼职。咸丰八年（1858）正月初十，曾国藩给郭嵩焘的弟弟郭昆焘写的一封信，可以证明郭嵩焘去北京的时间应该是咸丰七年年底。信中写道：“筠仙令兄至周家口后，有信回家否？沿途想尚平安。”

到了北京之后，可能因为有了一些军事经验，郭嵩焘非常受高层重视，被选入南书房，即皇帝读书的地方。《清史稿》却讲“上书房”，即皇子读书的地方。面对与其他史料的矛盾，我个人估计，南书房的可能性更大，因为一个有军功的大臣过来陪小孩子读书有点可惜了，毕竟战争才是当时朝廷的头等大事。

在南书房，郭嵩焘还撮合了一件大事——救了左宗棠的命。根据《清史稿》记载，左宗棠被官文弹劾，幸亏有郭嵩焘在其中周旋，找了潘祖荫（时任大理寺少卿），再找了肃顺帮忙，左宗棠才保住了小命。

> 宗棠先厄于官文，罪不测，嵩焘为求解肃顺，并言于同列潘祖荫，白无他，始获免，至是宗棠竟不为疏辨。

薛福成的《庸盦笔记》提供了更加详细的细节：郭嵩焘挺佩服左宗棠这个老乡，听到左宗棠出事，赶紧去找军机大臣肃顺帮忙，但是肃顺说要有别人先上疏皇帝，自己才能开口，郭嵩焘又急忙跑去找他在南书房的同事潘祖荫。

> 郭公固与左公同县，又素佩其经济，倾倒备至，闻之大惊，遣闿运往求救于肃顺。肃顺曰：“必俟内外臣工有疏保荐，余方能启齿。”郭公方与京卿潘公祖荫同值南书房，乃浼潘公疏荐文襄。

然后潘祖荫就向皇帝上疏，说了一句非常夸张的话：“天下不可一日无湖南，湖南不可一日无左宗棠。”所以说，左宗棠的造化，离不开郭嵩焘的斡旋。郭嵩焘如此热心，不禁让后世读者怀疑他是不是收了人家的中介费。

郭嵩焘在撮合别人的时候，特别卖力。《清稗类钞》提到了郭嵩焘向两江总督刘坤一推荐熊天保的事，“郭嵩焘字筠仙，有致江督刘文诚公坤一书，保荐熊天保”。在信的结尾，还特别强调，“因以一书代其恳求”。

近代著名数学家李善兰进入同文馆做教师，也是郭嵩焘撮合的结果。《清史稿》记载：“同治七年，用巡抚郭嵩焘荐，征入同文馆，充算学总教习、总理衙门章京，授户部郎中、三品卿衔。”撮合之大者，为文化事业做贡献啊！

（二）性格缺点

大撮合家郭嵩焘哪儿都好，就是有一个性格缺点，太急躁。心理学上把人的气质类型分为四种。其中，多血质的人虽爱交际，喜欢与人交往，但是有个太急躁的缺点。郭嵩焘也许就是这种类型的人。

《清稗类钞》点出了郭嵩焘的性子，说他在家的时候言论就比较偏激。即“湘阴郭筠仙侍郎家居时，好危言激论”。《清史稿》也多次记录了郭嵩焘急躁的性格特点。咸丰九年（1859）年初的时候，英国人打到天津来，到皇帝家门口了，陪皇帝读书的郭嵩焘被派往和蒙古亲王僧格林沁共同筹划天津的军备。因两个人意见不合，郭嵩焘一气之下就辞职了。

> 咸丰九年，英人犯津沽，僧格林沁撤北塘备，嵩焘力争之，议不合，辞去。

一言不合就走人，这是典型的郭嵩焘式风格，但也得罪了僧格林沁。

得罪了位高权重的人，郭嵩焘的日子不会好过。咸丰九年十月，郭嵩焘又奉命前往山东巡视贸易税收情况，并开办厘金局。僧格林沁派心腹李湘棻（字云舫）作为协办人员随行。巡视海关税收，自然免不了查出一些贪官污吏。而开办厘金局，其实就是对商旅收过路费，以增加中央财政收入，得罪的是商人。开办厘金局不久，烟台厘金局就发生了厘金局人员被殴打的事情。十二月底，僧格林沁以郭嵩焘未与协办人员李湘棻、山东巡抚文煜商量，便设局抽厘以致民变为由，上奏弹劾郭嵩焘。《咸丰朝实录》载，“兹据僧格林沁奏：该员（指郭嵩焘）前赴烟台，派委绅士设局抽厘，未能会同李湘棻查办，又未及与文煜面商”。咸丰十年（1860）元月，郭嵩焘被迫离开山东，“忍苦耐劳，尽成一梦”。回到北京后，郭嵩焘受到“降二级调用”的处分，虽仍回南书房，但被冷落了。他在给曾国藩的信中抱怨说，跟各种王公贵族周旋，动不动就有言语方面的矛盾，“久与诸贵人周旋，语言进退，动辄生咎”。是啊，谁叫你这么急躁呢！

咸丰十年四月，心情郁闷的郭嵩焘辞职回老家了。在老家住了两年，到同治元年（1862）三月终于坐不住了，他主动给李鸿章写信说想到上海来工作。李鸿章与郭嵩焘有一个共同特点，都喜欢跟洋人打交道，又都是曾国藩这条线的人，所以相互欣赏。李鸿章本想让郭嵩焘来上海收关税，但是了解老朋友性格的曾国藩写信阻止说，郭嵩焘是个写书的好手，却不是实干的人才，让他来收关税，万万不可，即“然著述之才，非繁剧之才也，若任以沪关，决不相宜”。于是郭嵩焘就做了苏松粮储道，帮助李鸿章在江苏和上海筹粮。同治元年，郭嵩焘去江苏之前，路过曾国藩大营，曾国藩赠送他一副对联："好人半自苦中来，莫图便益；世事多因忙里错，且更从容。"可能这个心灵鸡汤起了一点作用，这一年郭嵩焘表现不错，官运亨通。第二年，郭嵩焘升任两淮盐运使。六月，被两广总督毛鸿宾推荐，升任广东巡抚。

筹钱一直是郭嵩焘的老本行，从咸丰三年（1853）跟着曾国藩办团练就开始了。这不，到了广东，做了巡抚，又手痒了，力行劝捐，开办厘金局。可能最近官运太顺，没有曾国藩的提醒，郭嵩焘又着急了，手段太凌厉，一时间粤商怨声载道。有人匿名作了一副对联咒骂郭嵩焘和毛鸿宾："人肉吃完，唯有虎豹犬羊之廓；地皮刮尽，但余涧溪沼沚之毛。""廓""毛"就是郭嵩焘和毛鸿宾。毛总督也是狡猾之人，他把责任推给了郭嵩焘。郭嵩焘一气之下，在人前放出大喇叭："曾涤生保人甚多，唯错保一毛季云。"要骂毛鸿宾，顺带捎上自己的老朋友曾国藩，哪有这么骂人的呢？曾国藩既然是好兄弟，也没有生气，只是幽默地进行了口头回敬："毛季云保人亦不少，唯错保一郭筠仙。"

（三）大外交家

郭嵩焘连曾国藩都敢得罪，想想还有谁不敢得罪的，更别提左宗棠了。何况郭嵩焘还救过左宗棠。可能就是心里这样想着，郭嵩焘不知何时冲撞了左宗棠。左宗棠就没有那么宽宏大量了，同治三年（1864）年底，左宗棠以广东剿匪不力的借口弹劾自己的恩人郭嵩焘，并将其赶下了岗。

从广东巡抚下岗之后，在家闲居的郭嵩焘在同治五年（1866）又被召到北京，同治六年（1867），又短暂地做了几个月的老本行——两淮盐运使，之后就没有做过官了，直到光绪年间。光绪元年（1875），他终于不用跟筹钱的老本行打交道了，发挥出了身上另一个优点，懂洋务，成了外交官。一般来说，善于撮合的人一般都拥有开阔的思路和发散的思维，这种人在现实生活中交际广泛，所以他也有一定的外交才能。清廷显然也看到了郭嵩焘这一才能。

这一年，他担任英国、法国大使，成为中国首位驻外大使。即"擢兵部侍郎、出使英国大臣，兼使法"。史书对郭嵩焘的外交才能给予了高度肯定，"嵩焘首膺其选，论交涉独具远识"。过去也有使节出使外国，像张骞出西域、郑和下西洋，但那些都不算驻外大使，他们只是去一趟就回来，所以不叫驻国大使，郭嵩焘是正儿八经的第一个在外国常驻的。

作为中国首位驻外大使，郭嵩焘在外交上也是颇有建树。早在咸丰年间，俄国就占据了伊犁。光绪四年（1878），清廷派崇厚（完颜崇厚，出使俄国大臣）去跟俄国人谈判，次年签订了《里瓦几亚条约》，没有收复全部领土，崇厚也因此被问罪。多数大臣主张用武力赶跑俄国人，但是郭嵩焘不同意。他上疏提出了自己的看法：派遣使者去跟俄国交涉，“遣使议还伊犁”。清廷觉得可行，便派了曾纪泽出使俄国，最后真的全部收回了国土，成为晚清外交史的唯一一次胜利。在大臣们都主战的情况下，郭嵩焘却如一股清风，提出与众不同的看法。

（四）结语

光绪五年（1879）郭嵩焘辞职回家，在研究学问和讲学中，安度晚年，于光绪十七年（1891）去世。由于曾国藩曾经评价过郭嵩焘不是“繁剧之才”（繁剧即事务繁重之极），曾纪泽可能也受了影响，在写给曾国荃的信中，他用“花拳练步”四字来评价父亲的好友郭嵩焘。其实，郭嵩焘可不是花拳练步，他不知道撮合了多少好人好事，是名副其实的晚清大撮合家，至少在帮湘军募集资金这件事上出了很大力。

郭嵩焘的缺点可能就是太急躁，而这种急躁又杂糅着一股文人的清高，有一种众人皆醉我独醒的感觉。《近百年湖南学风》记载，郭嵩焘说司马德操认为识时务者为俊杰，他却认为不被风气所染才是俊杰。

> 司马德操谓：“识时务者为俊杰”，吾则以不为风气所染为俊杰。

也许郭嵩焘最应该去做的就是投行的承揽业务，或者干脆去银行零售业务。相信以他的撮合力，业绩一定没问题。不过后期细致的落实方面，就不如他的朋友曾国藩有工匠精神了。虽然不适合做PPT，但郭嵩焘真的适合站在历史的舞台上侃侃而谈。

优于谋略，短于专将

刘蓉

字孟容，号霞仙，湖南湘乡人。清朝湘军将领、桐城派古文家。

（一）综合型人才和业务型人才

在社会科学领域，人才可以进一步分为综合型和业务型。所谓业务型人才是指处理某一类事情能力强，但是只涉及较为单一的领域，比如作家、人力资源经理、营销人才等。所谓综合型人才多是指综合领导能力强的人，通常如总经理等。

一个人的精力有限，往往擅长某一方面，在另一方面则不甚精通。历史上，汉高祖刘邦属于综合型人才，论实战，他的技术含量是不高的：排兵布阵不如韩信，统筹粮草不如萧何，琢磨鬼点子又不如张良。但刘邦识人善任，能团结各种人才为自己所用，具有领袖魅力。

各种人才各司其职，才能使组织高速运转，一旦人才错位，比如让业务型人才去综合型的岗位，综合型人才去做业务型的事情，那整个组织机器的运转就会出现卡壳。比如业务型人才张良，他天生体弱多病，让他自己带兵反而适得其反。

曾国藩也属于综合型人才。不过，他不适合去做具体的业务。每次亲临前线，由于缺乏急智，曾国藩都一败涂地，败到想跳河的地步。曾国藩后来明白自己不是搞业务的料，就没有再亲临前线了，可谓有自知之明。

在业务方面，他的下属彭玉麟就比他强多了。彭玉麟打仗时，亲自开船到战役前线，哪里要放火，哪里要放兵，瞬间安排得明明白白。彭玉麟也有自知之明，知道自己不适合综合型岗位，清廷让他做官他也屡次推辞，踏实扎身基层。但彭玉麟的搭档杨载福就是一个业务型人才被调到综合型岗位的失败案例。杨载福在水师业务方面可谓得心应手，因此一路升官。后来皇帝让他做陕甘总督，结果杨载福这一做就出事了，闹出好几起士兵哗变，还被降了职。由此可见，杨载福属于被误用到了综合型岗位。

因此业务型和综合型这两种人才不能错位，一旦错位，将会得到事倍功半的结果。不但是公司的损失，也不利于个人的职业发展。历史上，综合与业务两方面都发展得很好的人才也不是没有，唐太宗李世民就属于这种人才，既能上阵谋划，又能上朝管理，但这种人才在现代也算凤毛麟角。

（二）谋略类业务人才刘师爷

出谋划策的业务型人才，最容易被混同为综合型人才，因为他们都要思考人际关系方面的事。刘蓉就是一个谋略型的、善于出主意的业务型人才。

刘蓉，号霞仙，湖南湘乡人，是曾国藩最要好的朋友之一。思维活跃的刘蓉特别喜欢探讨学术问题，乐于与朋友写信探讨学术。“一室之不治，何以天下家国为”，就出自刘蓉的《习惯说》。曾国藩常对刘蓉的学术研究给予高度赞赏。

《曾国藩全集·书信》记载，刘蓉来自穷乡僻壤，却能探求治国安邦的大道理，解决学术上的难题。真是我曾国藩所求之人才啊！

> 今足下崛起僻壤，乃能求先王之道，开学术之蔀，甚盛甚盛！此真国藩所祷祀以求者也。

《曾国藩全集·诗文》记载，曾国藩也以认识像刘蓉这样学识渊博的人而感到荣幸。

国藩不肖，幸得内交于当世之通才硕学、仁人君子，不为不多。而莫夙于里中刘蓉孟容，谊亦莫隆焉。

咸丰三年（1853），曾国藩办团练，刘蓉和郭嵩焘都加入了曾国藩的幕府，一起工作。咸丰五年（1855），曾国藩困顿江西，罗泽南带兵回援武昌，顺便也把刘蓉带走了。但是刘蓉因弟弟战死，便辞职回家了。也许正因为刘蓉思想犀利，所以颇得左宗棠赏识。咸丰十年（1860），左宗棠把刘蓉推荐给了湖南巡抚骆秉章。因此，刘蓉替代了左宗棠在骆秉章幕府中的位置。虽然缺乏地方执政经验，但刘蓉在出谋划策方面很有天赋。据《近百年湖南学风》记载，咸丰十一年（1861），刘蓉帮助骆秉章平定了蓝朝鼎、李永和起义，骆秉章也乐于向皇帝推荐刘蓉，刘蓉升为四川布政使。

明年，秉章移督四川，携蓉而往，平巨寇蓝李二姓，散其徒众，遂授四川布政使。

在布政使这个岗位上，刘蓉的主要工作仍然是给骆秉章出谋划策，起辅助的作用。同治元年（1862），在消灭了石达开的部队后，骆秉章更加赏识他。

但是刘蓉这样的业务型人才，擅长讲道理、出主意，适合做幕僚，并不适合领导别的将领。

（三）被弹劾

《清史稿》作者赵尔巽对刘蓉的评价是非常准确的：善于谋略却拙于领导。

> 刘蓉抱负非常，佐骆秉章平蜀，优于谋略而短于专将，治陕不竟其功。

同治元年，湖广总督官文向皇帝保举刘蓉。刘蓉升为陕西巡抚，但这是刘蓉噩梦的开始。陕西巡抚的位置，是综合型岗位，不适合业务型人才。他上任后不久，便被各色人等疯狂弹劾。

《湘军志》记载，同治二年（1863），刘蓉就因被蒋琦龄反复弹劾而申请辞职。因骆秉章的挽留刘蓉才没走。

> 蓉之骤进也，中外指目，前年顺天府尹蒋琦龄陈时事，反复议蓉。蓉请罢，而秉章请留蓉。

《清史稿》记载，同治四年（1865）三月，刘蓉被翰林院编修蔡寿祺弹劾，说刘蓉攀附恭亲王奕䜣。太后让刘蓉自己解释。刘蓉辩解说，因蔡寿祺在四川募勇被他阻止，所以他这是挟私报复。

会编修蔡寿祺疏劾恭亲王奕䜣，牵及蓉，指为夤缘，诏诘蓉令自陈。蓉奏办，自言荐举本末，并讦寿祺前在四川招摇，擅募兵勇，为蓉所阻，挟嫌构陷。

刘蓉当了陕西巡抚后，真变成了招黑的体质。《清史稿》记载，这年，伊犁参赞大臣联捷、御史陈廷经也先后弹劾了他。刘蓉因此被革职留任。

伊犁参赞大臣联捷、御史陈廷经先后论劾“陕西布政使林寿图沉湎于酒，巡抚刘蓉未谙公事，举劾悉听寿图”，及“蓉疏奏失体，漏泄密保”……惇衍等为疏辨，仅以微过议处，吏议寿图迁调，蓉革职留任。

同治五年（1866），因为与新任巡抚乔松年意见不合，且御下能力不足，导致士兵军心大乱被西捻军张宗禹（清廷蔑称其张总愚）击溃，刘蓉因此被打回原籍。这在晚清巡抚中，算是比较重的处理了。之后七年，刘蓉在家写书，直到病终。

捻匪张总愚入陕，逼省城，蓉与松年议不合，所部楚军三十营，统将无专主，士无战心，屯灞桥，为贼所乘，大溃。诏斥蓉贻误，夺职回籍。

（四）你属于哪类人才

在日常生活中，多数职位既不是纯粹的业务型，也不是纯粹的综合型，只是各有侧重。比如，公安局局长既要面对综合事务，又要面对业务事务；既要协调各部门人事关系，又要破案，维护治安，除暴安良。从整个社会的角度看，公安局局长总体还是一种业务型为主的岗位。而县委书记就要考虑得更全面了，要考虑公安、司法、教育、文化、经济等各个方面。麻雀虽小，五脏俱全，这个岗位对人的锻炼是比较全面的。不过能做好县委书记不一定能做好公安局局长，能做好公安局局长也不一定能做好县委书记。

不想当将军的士兵不是好士兵，不想吃天鹅肉的蛤蟆不是好蛤蟆。以现实生活为例，每个人最重要的是应该认清自己的禀赋优势。随着人类社会的分工逐渐细化，各岗位之间的高下之分也在慢慢淡化。尺有所短，寸有所长，关键是要认清自己的禀赋优势。

在自然界，乔木和灌木各有用处，天生我材必有用。灌木等矮小的植物维护下层的泥土和生态，乔木也为灌木遮过风挡过雨。两者拥有大自然所赋予的不同禀赋，各自有各自的活法，共同野蛮生长。综合型人才和业务型人才也都有各自的活法，不管哪种活法，只要活出自己的精彩，都值得鼓掌。

21 世纪什么最贵？

人才！

那么，阁下属于哪一类人才呢？

第四章 · 不常联系的朋友

萍水相逢宜终生

易作梅

字春谷，湖南湘乡（今涟源）人，徐州睢宁知县。借与曾国藩银两解其困，与曾国藩只有一面之缘。

易作梅，字春谷，湖南湘乡人。他只见过曾国藩一面，却影响了曾国藩的一生，这点恐怕两人都没想到。生活由很多偶然构成，面试官的随机决定，可能就影响了某位大学生的一辈子。不是吗？

《曾国藩年谱》记载，道光十六年（1836），曾国藩在会试中再次落榜。二十五岁的“北漂”青年曾国藩打道回府，在路过徐州时想起一个老乡，徐州睢宁知县易作梅，并从易知县处借得一百两银子。史书没有记载具体情形，或许曾国藩只是想去拜访一下同乡的官员，或许特地向他借钱，也或许两者兼而有之。

一百两银子在当时是一笔不小的数目，让一个单身汉从徐州回湘乡是绰绰有余的。后来曾国藩创办湘军，普通士兵的月薪大概四两，一百两已相当于工薪阶层两年的工资了。银子如果是不情愿地借给曾国藩，那么数量应该是比较少、恰好够曾国藩回家的，所以从数目判断，这应该是易知县主动借给曾国藩的，一定含有他欣赏曾国藩为人或看好其前途的成分。

有一种说法尚未考证。据说当曾国藩来拜访易作梅时，易作梅正好不在家，曾国藩就坐在椅子上等了两个小时。可能那天下雨，曾国藩赶路途中沾了不少泥土在脚底，地上有很明显的脚印。当易作梅回家看到曾国藩时，发现堂上的脚印非常清晰，可见小伙子一直坐着没动，很有定力。于是易作梅料定，这个小伙子前途无量，然后主动借款。可惜现在到处都是水泥地，面试已经不能用这招了。

其实，不管这个故事真假与否，作为举人的曾国藩已经是湖南湘乡县的稀缺人才了。再加上一些同乡之谊，易作梅对曾国藩的到来应该会感到惊喜，所以多借一些也在情理之中。

告别了知县大人，曾国藩很快就到了繁华的古都南京，自然免不了游览一下秦淮河，逛逛市场，看看杂技等。逛着逛着，文学青年小曾在一家书店里被一部巨著“勾引”了！根据《曾国藩年谱》记载，曾国藩将借来的一百两银子全用来买了书，还当了一些衣物。

> 从易公贷百金，过金陵尽以购书，不足则质衣裘以益之。

当时的情形或许是这样的：曾国藩从书店出来，用百米冲刺的速度来到旅店找到比较贵的衣服，到当铺换钱后飞奔回到书店，买下了书籍。那时真的有这么贵的书吗？当然，借钱买书的事是千真万确的。在道光二十二年（1842）十二月初七的日记中，曾国藩回顾了买完书回到家后父亲说的一句话："你借钱买书，我不怕为你还钱，只要你能好好读书，就算对得起我了。"曾国藩听到这话，感到十分愧疚，同时也产生了一股责任感。之后几乎一年的时间，曾国藩都在家闭门读书。道光十八年（1838）年初，二十七周岁的曾国藩会试高中，成为一名还算年轻的进士。

现在买一本书很容易，网上轻轻一点，过几天书就送到了家，而古代书籍资料是难以获取的。一部好的书籍对科举考试写作有非常重要的影响。可能就是这部借钱购得的书籍拓宽了曾国藩的知识面，让他高中进士。

有时候深刻影响一个人的，就是这些只有一面之缘的朋友。易作梅可能自己都没想到，区区一百两银子，让湖南湘乡县多了位进士、礼部侍郎、两江总督，就像南美洲热带雨林中的蝴蝶扇动翅膀引起了美国得克萨斯州的飓风，最终改变了中国近代史。不知曾国藩后来有没有回报易作梅。也许易作梅唯一的收获，是在人前人后多了个谈资：某某年我资助过曾侍郎。

弱联系的强影响

肃顺

爱新觉罗氏，满洲镶蓝旗人，字雨亭。晚清宗室、权臣，重用汉人，关键时刻推荐曾国藩。咸丰末年被任命为赞襄政务王大臣，后死于“辛酉政变”。

美国知名社会学家马克·格兰诺维特在《弱联系的力量》中提出了“强联系”与“弱联系”的概念。强联系就是平常联系较多，关系较为密切，好哥们那样的关系。弱联系就是指平时交流不多，互动少，联系较弱，与现在的“点赞之交”有点类似。20世纪60年代晚期，他在调查中发现，平时关系密切的朋友反而没有那些平日里联系不多的人更能发挥作用。关系好的人基本帮不上忙，能介绍工作给你的可能多是弱联系的人。

根据这个理论来看晚清历史，肃顺恰恰是曾国藩的弱联系朋友，却发挥了非常重要的作用。

（一）举荐曾国藩

曾国藩如果不做两江总督，那么平定太平天国的大“功劳”还能不能算在他头上呢？假如左宗棠或者其他人在两江总督的位置上来平定太平天国，而曾国藩只能作为参与者之一，并非主要领导者，那么他还有显赫的历史地位吗？显然没有。哪怕他文采再好，道德再好，都不会被称为“圣人”“完人”。不得不承认，官位高、军事功劳大在曾国藩的历史评定体系中至关重要。

那么，是谁推荐曾国藩做两江总督呢？不是曾国藩的老铁胡林翼，更不是曾国藩的忌妒者左宗棠，而是跟他基本没多少联系，只有点头之交的晚清权臣肃顺。根据曾国藩的幕僚薛福成《庸盦笔记》记载，本来咸丰皇帝准备把两江总督这个位置留给胡林翼的，但是肃顺提议说胡林翼在湖北办事挺不错的，如果调动了不太好，还是曾国藩做两江总督。咸丰皇帝听着觉得可行，就把两江总督给了曾国藩。

> 胡林翼在湖北措注尽善，未可挪动，不如用曾国藩督两江，则上下游俱得人矣。

清代徐宗亮的一部笔记《归庐谭往录》也印证了薛福成的说法。说肃顺举荐了曾国藩，对社稷有功。时江浙两省失守，东南几个省份沦陷，咸丰皇帝每天都接到紧急战报，听都听烦了，也开始厌倦于政事的辛劳。两江总督何桂清因为贪生怕死被捉拿问罪，接任的人还没有定下来，肃顺推荐了曾国藩，并获得了皇帝同意。

> 尚书肃顺……然荐举曾文正公，有功社稷，不可不知。当江浙失守，东南数省，沦为鬼域，文宗皇帝日接警报，亦倦勤矣。两江总督何桂清既以逃死拿问，而代任殊未定人，肃首以曾某为请，得旨即行。

肃顺为什么要举荐一个没有深交的汉人呢？从各种史料来看，曾国藩一生都没有给肃顺写过信，在肃顺活着的时候，曾国藩也没有在日记、书信里提到过他。似乎在曾国藩的生活里，肃顺的存在感很低。当然，肃顺和曾国藩在北京的时候肯定是认识的，见过面的，毕竟大家在同个公司上班，两个人的部门之间还有交集。咸丰皇帝登基后曾国藩还做过礼部、刑部等部门侍郎，是汉臣中的佼佼者，京官没有不知道的。

爱新觉罗・肃顺，字雨亭，郑亲王乌尔恭阿的第六子。道光中期，肃顺就被封为三等辅国将军，咸丰皇帝即位后又马上升职为内阁学士。内阁学士是内阁大学士的属官，从二品，肃顺还兼任副都统、护军统领、銮仪使。銮仪使是掌管皇帝皇后车驾仪仗的，那是天天在皇帝眼前刷脸的存在，相信高级京官也没有不认识的。

这样推测起来，这两位仁兄平时点头打招呼是必须的。可以想象，虽然两个人不会整天“仁兄贤弟”一般称呼，但是二人的交往还是比较积极热情的。咸丰元年（1851），曾国藩上书《敬陈圣德三端预防流弊疏》，直指咸丰皇帝的过失，满朝震惊。相信在那一刻，肃顺投来了赞叹的目光：这个大臣很耿直，真敢说！

咸丰四年（1854），肃顺又被封为御前侍卫，可见深受皇帝信任。御前侍卫也是属于皇帝身边的人，宋朝时期的南侠展昭当初也是御前侍卫，还带刀呢。

（二）亲近汉人

既然肃顺跟曾国藩不熟悉，为什么要举荐他去这么重要的岗位呢？其实，这主要是因为肃顺的做事风格比较注重事情本身，对汉人没有偏见，甚至觉得汉人更有能力，更有用。

这不只是肃顺主观上的看法，这也是客观的事实。八旗子弟、王公贵族，确实比较慵懒。汉人的确更有能力。所以肃顺比较公正，说汉人的好话。《清代野记》记载：“常谓满人糊涂不通，不能为国家出力，惟知要钱耳。故其待满人，不如其待汉人之厚，满人深恶之。”大意是，肃顺经常说满人太糊涂，不能为国家做事，就知道要钱。所以肃顺对满人没有对汉人那么好，满人很讨厌他。肃顺确实是会做事，但是他太不屑于“做人”了，直接跟满族子弟拉仇恨。

由于肃顺在咸丰皇帝身边不断地说汉人好，潜移默化地影响了咸丰皇帝。所以客观来说，咸丰皇帝在早期还是英明的，对汉人也很重视。这都是肃顺的功劳。

> 文宗用人，惟贤是尚，不分满汉，皆肃顺匡辅之功。

肃顺不仅对汉人重视，对湖南人还特别熟悉。他是对事不对人，虽然他为人比较骄横，但是他经常做正确的事。他喜欢招揽各种人才，其中包括郭嵩焘、尹耕云（时任礼部郎中）及举人王闿运、高心夔等。这些都是出自肃顺的门下，里面还有不少是曾国藩的湖南老乡呢。肃顺听取他们的言论意见并上陈给皇帝。即“肃顺日益骄横，睥睨一切，而喜延揽名流，朝士如郭嵩焘、尹耕云及举人王闿运、高心夔辈，皆出入其门，采取言论，密以上陈”。看来肃顺也是个爱才惜才的人。而在这些人中，郭嵩焘是曾国藩的密友，肯定在肃顺面前说了曾国藩不少好话。在这样的背景下，曾国藩虽然和肃顺只是保持弱联系，但被肃顺推荐也是顺其自然了。

除了曾国藩，跟肃顺完全没有联系的湖南人左宗棠也得到过他的帮助。左宗棠被官文弹劾，幸亏有肃顺帮忙才免了罪，而且还破格升了职。左宗棠通过郭嵩焘，郭嵩焘又通过潘祖荫上疏皇帝，然后肃顺又去找皇帝说情。这种好事可不是谁都能遇到的，本来差点被处罪，最后没被罚还升了官，所以我们爱讲“大难不死必有后福”。

有些年轻人以为，只要我们自己做事做得好，用不着去巴结别人，千里马终究会被伯乐发掘的。其实还要有好运气，能有一个像肃顺一样的领导。曾国藩、左宗棠的例子也告诉我们，弱联系是有大影响的。放到当代也同样适用，很多点赞之交，指不定哪天就帮了你大忙！

（三）曾国藩未受到肃顺的牵连

由于肃顺过于看重做事情，得罪了很多满人，招来了不少反对他的人，尤其是皇族。他也算是个胆大的人了，皇亲国戚都敢随便得罪。肃顺在收揽大权、树立威信的时候，大兴刑狱，清除异己，民间关于他的舆论不太好；他又上奏降低了八旗军的工资，这虽然是正确的事，但也得罪了很多人，毕竟断人财路如杀人父母。

> 肃顺揽权立威，数兴大狱，舆论久不平；奏减八旗俸饷，尤府怨。

咸丰十一年（1861）七月，咸丰皇帝病重，传谕让肃顺等八人为顾命大臣，辅佐同治皇帝，具体办理一切政务。但是御史董元醇上疏请皇太后垂帘听政。肃顺知道，西宫太后慈禧有很大的潜在危险，便拟旨驳回这项提议，但是两宫太后拒不盖印，双方僵持不下。

> 御史董元醇疏请皇太后垂帘听政。肃顺等梗其议，拟旨驳斥，非两宫意，抑不下。

奕䜣是咸丰的弟弟，他估计想着他哥哥归西了，大权放给八个外人，权力一点都没捞着可不行。于是慈禧就与小叔子联合，发动了政变，史称“辛酉政变”。咸丰十一年九月，肃顺在护送咸丰皇帝灵柩回京途中，于密云被捕，随后被立斩，即“赐载垣、端华自尽，斩肃顺于市”。

肃顺被处死之后，清廷下召彻查他的党羽。肃顺结交的如杜双奎、袁添喜等人，都被处以重刑。很多人以为曾国藩是肃顺这条线上的，都为曾国藩捏了一把汗，仇人则等着看戏。但是结果并不与他们期待的一样，慈禧太后派人查了肃顺的家，搜出来很多大臣巴结肃顺的书信，却没有搜出曾国藩的。这证明了曾国藩与肃顺之间并没有什么联系。那么，为什么曾国藩没有去巴结那么重要的首席军机大臣肃顺呢？

第一，曾国藩够谨慎。先前王闿运就想跟肃顺联手把慈禧太后赶下台，但曾国藩没同意。据王闿运儿子王代功《湘绮府君年谱》的描述，肃顺的幕僚王闿运来游说曾国藩，建议曾国藩去觐见皇帝，申明祖制，讲明后宫不得临朝干政，天下才会太平。但是曾国藩素来谨慎，毕竟命只有一条。此外，他怕功名太盛，惹人猜忌权臣干政。但是曾国藩也不想处罚王闿运，毕竟人家说出了他的心里话，所以收到书信并未上报。

> 恭亲王宜当国，曾宜自请入觐，申明祖制，庶母后不得临朝，则朝委裘而天下治。曾素谨慎，自以功名太盛，恐蹈权臣干政之嫌，得书不报。

第二，曾国藩对肃顺执政以来的某些做法也有点意见。咸丰九年（1859），他在给胡林翼的信中写道，最近肃顺在科场上的案件牵扯得太多，对外交方面手段又太过柔弱，都不合人意，我经常想着要提出点意见，但是想到在外数年却一事无成，觉得很惭愧，还是默默无闻的好。

> 近来科场事株连太广，夷事办理太柔，均不甚惬人意，常思一陈鄙愚。而回顾在外数年百无一成，言之滋愧，宁默默也。

在叹服曾国藩谨慎的同时，我不禁做了个假设：如果道光年间位高权重的曾侍郎，看不起职位更低的肃顺，在那个时候得罪了肃顺，就不会有后面肃顺帮助他的事了。哪怕一个人很公正，对事不对人，也不会随便帮自己的仇人吧！那么这段历史对我们的启发是什么呢？有些人可能问，如何让弱联系有机会来帮助自己，甚至成为自己的贵人呢？这个问题太难了。不过有一点可以肯定，尽量不要得罪任何人，说不定这个人就是你若干年后的贵人。

惺惺相惜一知己

李星沅　字子湘，号石梧。湖南湘阴（今汨罗）人。道光十二年进士，官至两江总督。有多部文学作品存世。谥号文恭。

（一）一封书信

道光二十四年（1844），翰林院小官曾国藩写了一封信给一位封疆大吏，展示了高超的说话艺术。曾国藩说，谈到我们湖南家乡最厉害的名臣，除了湘潭的陈公（可能指陈鹏年）、安化的陶公（陶澍），已经很少了。老前辈您已经可以跟这两人相媲美了。如果他日再进一步，由此继续追上宋代的范仲淹和韩琦的高度，除了您也就没谁了。我这个碌碌无为的人，只能仰望着您啊。

> 吾乡名臣遭遇之隆，勋伐之懋，自湘潭陈公、安化陶公外，盖不多觏。老前辈闳达精能，今之所希，既已与二公鼎焉并峙，由是而壹志上臻范、韩之业，岂异人任。鄙人碌碌，足以仰流观化而已。

听起来有点肉麻，听者是否会反感呢？不会的！因为曾国藩接着说，因内心对您充满了敬爱和仰慕，所以言语就不自觉地表达出来了。即“而爱慕之诚，乃不觉宣之乎言词也”。这句话特别经典，具有广泛适用性，古今通用。不管前面多肉麻，听到这句话，也就谅解了——哦，原来你内心对我实在太佩服了，心里话溢出来了。

那么这位让曾国藩如此倾倒的封疆大吏是谁呢？就是湖南老乡、曾国藩的救命恩人、时任陕西巡抚的李星沅。李星沅，字子湘，号石梧，是湖南湘阴人，道光十二年（1832）中进士。其一生先后在广东、广西、河南、陕西、四川、江苏、江西、云南、贵州做过官，大半个中国他都做过官。道光二十三年（1843）六月，穷翰林曾国藩好不容易得到一个肥差——四川全省统考乡试的主考官。因为按照当时清朝的风气，中央派来的主考官都可以获得当地省份的一份厚礼，也不算受贿，所以是肥差。炎炎盛夏，曾国藩兴致勃勃地出发了。刚到涿州驿馆的时候还有兴致欣赏景色，晚上就开始不舒服了。即“申初到涿州驿馆，雅洁可爱。夜，身体不爽快”。第二天竟有点吃不下饭，但是他很顽强，拖着病体继续前进，再走了十天，才写了一封信给在山西临汾做官的朋友劳崇光，请代为寻找医生，“乞代求医”。第二天再走了一百里，到山西寿阳县的太安驿，日记就断了。后来究竟发生了什么，已经不得而知。根据《曾国藩年谱》记载，是李星沅把他请入巡抚衙门，请了名医医治，几天后病愈，才继续赶路的。

> 李公星沅时为陕西巡抚，延之署中，治医药，数日病渐愈，即起行入蜀。

那么可以推测，可能是劳崇光那个地方没有合适的医生，最后不得已才找巡抚大人帮忙。就好像县城医院看不好的病，只能移送省城的人民医院。

曾国藩三十几岁的时候体弱多病，可能是离开了湖南，在异乡有点水土不服。道光二十年（1840）夏天，曾国藩在万顺旅店奄奄一息的时候，欧阳兆熊和吴竹如给他治病，救了一命。道光二十三年夏天，李星沅又救了他。道光二十五年（1845），曾国藩又得了终生不愈的癣疾，真是多灾多难啊！

在拥有救命恩人和封疆大吏这双重身份的李星沅面前，曾国藩也就不矜持了。那么曾国藩有没有回报这位救命恩人呢？可能是有的。道光二十四年全国统考，李星沅的长子李梅生就来北京参加会试了。曾国藩接待了他，甚至可能帮忙疏通了当时权臣穆彰阿的关系。在这封信中，曾国藩又提到，您的爱子梅生来京城，是凤毛麟角的人才，我因为有点事就没有细细交谈。至于他考试的作文，我还没看到，但是我托着下巴，摸着胡子，想了一想，应该不用再考了。这一年，李梅生的确高中进士。

闱中之文，今尚未见，然领底摘髭，固无烦于再举也。

曾国藩后面继续写道："有罗载庆者，敝同年仓君景恬之姊婿，于侍有一日之雅，备员麾下，尚恳赐之钧陶，加以策遣，幸甚幸甚！"大意是，希望李星沅帮忙关照一下一个朋友，即同学仓景恬的姐姐的丈夫罗载庆（拐了几个弯的关系户）。如果罗载庆能被您差遣，那是他莫大的荣幸。原来还有事相求！

（二）李星沅赏识曾国藩

李星沅还是比较欣赏曾国藩这个小老乡的。根据《清史稿》记载，道光三十年（1850）正月，清宣宗驾崩，李星沅前往京城拜谒皇帝的灵柩，之后以母亲年老为由准备告老还乡。

在北京的这段日子里，曾国藩又和李星沅见面了。

最初清廷是起用林则徐去镇压太平军，但是林则徐因病在半路就去世了，于是清廷便命令李星沅为钦差大臣。

> 会广西匪乱方炽，起林则徐督师，卒于途，命星沅代为钦差大臣。

据《清稗类钞》记载，李星沅出发之前还和曾国藩聊了一个通宵，“时粤寇方起，殊以为忧，谈竟夜”。据说，左宗棠和陶澍第一次见面也是谈了个通宵。古代的知音见面多难啊，又不能躺在各自床上发微信，见了面可不得好好聊聊。估计两位主要谈的是如何平定叛乱的事情。第二天，李星沅还把曾国藩按在座位上，俯身拜了一拜比自己小很多的曾侍郎，并说道，我看天下的人只有你能平定太平军了，我老了不中用了，这一拜就把职责委托给你了。

> 临去时，按曾于坐而拜之曰：“吾视天下人，惟君真能办贼。星沅老矣，无足言者，此一拜，所以寄此任于君也。”

如果真是这样，实在让人感动。这是为国为民的一拜，不知道有没有把曾国藩感动得热泪盈眶。毕竟年纪大、官位高的长辈愿意屈身拜个晚辈，这样的人可能独此一家了！他为什么觉得曾国藩能够平定太平军，无从得知。不过，李星沅刚到广西的时候，的确感到很忧愁，寝食难安，面对手下的官员说，太平军不是眼前的诸位能解决的。大概在李星沅心里，能平定太平军的人选就只有曾国藩了。事实证明，李星沅手下的几位官员都战死了，最后太平军还真得靠曾国藩来平定。

李星沅虽然离开了北京，却一直牵挂着北京的时局和小曾同志，还写信讨要曾国藩给皇帝授课的讲义。因为道光三十年，咸丰皇帝登基，曾国藩提出了一个建议，让皇帝每天听讲座，听一些懂学术的儒臣（包括曾国藩自己）讲课。咸丰皇帝接受了这个建议。李星沅要借讲稿，也是看重这个老乡。不过，曾国藩犹豫了，毕竟讲稿就一份，要不要借给李星沅呢？在书信中，曾国藩谦虚地说，自己跟个落第的士人一样，刚开始还抱着一块好玉而唏嘘，不久，对着镜子又觉得自己不肯借讲稿的姿态太丑了，犹豫了一下，所以书寄送得比较晚。

> 承命索《日讲疏稿》，譬若落第士人，初犹抱璞而唏；历时既久，客气渐平，亦或对镜而自憎也。以是反复迟疑，终滞呈达。

咸丰元年（1851），因为周天爵、向荣这两个人老是闹内部矛盾，李星沅就以行使指挥职权不能统一调度为由，向皇帝奏请选拔统帅督导围剿。皇帝斥责他推卸责任，让他回湖南防守。《清史稿》记载："星沅以事权不一，奏请特简总统将军督剿，诏斥其推诿……命星沅回湖南治防。"没想到当李星沅紧赶慢赶终于到了武宣前敌督战几日后，他就在军中去世了。遗言说，我没有消灭太平军，是不忠；没有给父母养老送终，是不孝。死后用普通的衣服收殓我就可以了，这样才能体现我的过错。

> 贼不能平，不忠；养不能终，不孝。殁后敛以常服，用彰臣咎。

咸丰皇帝看后非常伤心，依据总督的规格安葬他，赐予抚恤金，赐予金钱置办丧事，抚恤慰问他的老母亲，还让他的两个儿子服丧完毕后来北京，赐给了李星沅"文恭"的谥号。

（三）曾国藩如何对待李桓

在李星沅去世后，按理来说，曾国藩应该会关照一下救命恩人的儿子，由于史料有限无从得知。十一年后，同治元年（1862）九月，大公无私的两江总督曾国藩向皇帝告了李桓（李星沅第三子）的状。

咸丰十年（1860），曾国藩的军饷很大部分来自厘金，并且由李桓和李瀚章分管下、上游各七个府。不知道是否沈葆桢到了江西做巡抚的缘故，还是别的原因，同治元年李桓所缴纳的厘金大大减少了。

曾国藩在奏折里指责他：“该藩司李桓总办粮台兼管厘局，漫不经心，玩视饷务。”即说他实在是太过玩忽职守了。不过，可能想照顾一下黄泉下李星沅的面子，曾国藩仅仅是向皇帝吐槽，没有弹劾。他说：“该司李桓经理不善，此次姑免参办，数月后如仍前玩泄，即当从严参奏，并提讯经手员役，以惩积弊。”大意是，李桓这次做得不好就先算了，如果过几月还这样，一定要严格参他一本，还要调查经手这件事的人员，好好处理。后来，李桓就调任其他地方做官了。路上，李桓不慎摔了一跤，称病不去，最后写了二十几年的书，成了一位学者。

在处理李桓这件事上，曾国藩的做法是否合理呢？只能是仁者见仁、智者见智了。李星沅家族也是人才辈出，近代史上的湖南名人不少都与之有联系。据说，现在长沙的芋园、柑子园就曾经是李星沅的私家庭院。读者们不妨哪天去游览一下！

第五章

宽以待友

刚峻自天性·善妒

左宗棠

字季高，湖南湘阴人。晚清军事家、政治家，洋务派代表人物之一，功绩显赫，“晚清中兴四大名臣”之一。谥号文襄。

在竹篓中放入一只螃蟹，螃蟹很容易就能爬出来。而多放几只后，竟然没有一只能很快“越狱”。因为螃蟹会相互扯对方的后腿，“我出不去，你也别想出去，不如一起待在黑暗的深渊”。这就是心理学上的“螃蟹效应”。

木秀于林，风必摧之；堆出于岸，流必湍之；行高于人，众必非之。

——三国 李康《运命论》

不管处在社会的哪个阶层，每个人都可能会成为别人的忌妒对象。

（一）自负者易妒

当然，不是所有的正人君子都会忌妒人。但特别自负的人容易产生忌妒别人的心理。骄傲的他们不允许任何人或事来挑战他们的地位。

> 骄傲的人必然忌妒，他对于那最以德性受人称赞的人便怀忌恨。
>
> ——斯宾诺莎

左宗棠就是一位骄傲自负的人。左宗棠，字季高，湖南湘阴人。他在做学生时写完文章总是要自夸一番：这是我写的吗？这写得也太好了！这世间怎会有这种人才呢！

《清史稿》记载，左宗棠自负，把自己跟诸葛亮相比。即“喜为壮语惊众……尝以诸葛亮自比，人目其狂也”。

左宗棠还喜欢在饭桌上侃侃而谈。《异辞录》记载，他在饭桌上喜欢徒手撕大肉，其间谈笑风生，旁若无人。如果与人争辩赢了，他就睁大眼睛紧盯着那个人，还做出要把他吞掉的样子，不知道的人还以为他们有什么深仇大恨。

文襄善啖而好谈，入座则杯盘狼藉，遇大块用手擘开，恣意笑乐，议论风生，旁若无人。偶与辩胜，张目而视，若将搏噬之状。

如何与自负的人相处？提醒他客观公正往往是徒劳的。依他宠他，顺流而下，还要不与他计较！不仅曾国荃明白这点，湖南巡抚骆秉章也深谙此道。

《清稗类钞》记载，左宗棠在骆秉章手下做师爷的时候目空一切，因骆秉章白天宴饮寻乐，便当面嘲笑骆是个傀儡。骆秉章对他却很宽容，未因此而计较。

左文襄公宗棠，初以举人居骆文忠公秉章幕府，事无大小，专决不顾。文忠日与诸姬宴饮为乐，文襄尝嘲之曰："公犹傀儡，无物以牵之，何能动邪！"文忠干笑而已。

超级自负的人，是很容易得罪人的。如果没有骆秉章的胸怀，可能还会惹麻烦。

据《左文襄公书牍》记载，咸丰四年（1854），湘军克复岳州后，曾国藩觉得左宗棠做个没官职的师爷太委屈了，想推荐左宗棠做知府。没想到左宗棠还来脾气了说："我是'诸葛武侯'的才华，不是深仇大恨者绝对不会推荐我做知府。你想用个知府的位置打发我，我还不如去出家呢！"

来示谓涤公拟以蓝顶花翎尊武侯，大非相处之道……既不当武侯之意，而令此武侯为世讪笑，进退均无所可，非积怨深仇断不至是……若真以蓝顶加于纶巾之上者，吾当披发入山，誓不复出矣。

一个没品级的举人，从幕僚被提为知府，曾国藩本是一番好意，左宗棠却因为自负的心理，认为曾是瞧不起他。

（二）敏感者易妒

自负与容易忌妒别人不一定画上等号，自负加上敏感那大概率会产生忌妒心理了。

关云长自负，但他不忌妒刘备，不忌妒吕布，也不忌妒张飞，因为他不是一个敏感的人。而左宗棠是一个敏感的人，有一颗“玻璃心”。《清稗类钞》记载，左宗棠与曾国藩产生嫌隙是因为一件小事。曾国藩曾写信给左宗棠，信中用上了“右仰”两字，就跟我们写完信说“此致敬礼”似的。但是左宗棠表示：你说右仰，那我又姓左，这不是要我俯，给你低头吗？“左俯”？左宗棠这心理活动未免太丰富了！

左文襄尝为曾文正所保荐，曾给以一札，有“右仰”字样。左微哂曰：“彼写右仰，岂将令我左俯乎？”嫌隙由是而生，其后竟如水火。

得罪了玻璃心的人，当事人往往是浑然不觉的。曾国藩一开始并不清楚为什么左宗棠跟自己过不去，直到晚年和赵烈文聊天时，才明白自己无意中打裂过左宗棠的玻璃心。据《能静居日记》记载，咸丰十一年（1861）八月，曾国藩回忆了一件往事。当初，曾国藩办团练时要收富户陶桄的捐金，而陶桄是左宗棠的女婿，这大概是曾国藩第一次得罪左宗棠。左宗棠大概觉得：你曾涤生也太不给我左某人面子了。

> 左副帅为陶文毅亲家，督帅初奉旨督办团练时，欲捐陶氏金，左袒护之，以是有意见。左负气凌蔑一切，日益龃龉。

不只是对曾国藩，左宗棠在对待别人时也很敏感。据柴小梵的《梵天庐丛录》记载，有一次，湖南的樊提督（从一品）见骆秉章，不知道哪句话说错，被师爷左宗棠听到了。没有任何品级的左师爷一下子跳了出来，神经元迅速地向肌肉细胞发出指令，一记响亮的耳光以迅雷不及掩耳之势打在这位从一品武官的脸上。樊提督回去让两个儿子在有所成就前一定要卧薪尝胆。

> 一日，樊提督诣文忠，延文襄出共谈，意大龃龉，遽起批樊颊大诟。樊不能堪，致为互揭查办之举。

因为此事实在太出格，湖广总督官文举报了左宗棠，皇帝大怒。从此以后，左宗棠离开骆秉章，几经辗转，投奔曾国藩大营。二人过了一段蜜月期，等左宗棠能独当一面之后，他开始嘲讽曾国藩。

敏感的心易碎，自负的心易塌。但是如果在现实中遇到自负且敏感的人，也不见得是坏事。

（三）是善妒之人，也是正人君子

虽然左宗棠自负且敏感，但他从不在暗地里使绊子。对左宗棠来说，骂曾国藩似乎成为他人生的一大乐趣。但是他不使阴招，有不快都是明着说，比那些暗地里捅刀子的小人要光明磊落。曾国藩打仗的时候，左宗棠该帮的还是会帮，而且他对清廷很忠诚。

这点曾国藩也承认，“左季高在余营住二十余日，昨已归去，渠尚肯顾大局”。《清史稿》记载，咸丰十年（1860）八月，左宗棠在祁门救了曾国藩一次。大家都是朝廷的人嘛，平时窝里斗就算了，对外还是要一致的。

> 十年八月，宗棠既成军而东……时国藩进兵皖南，驻祁门，伪侍王李世贤、忠王李秀成纠众数十万围祁门……宗棠还师击之，大战于乐平、鄱阳，僵尸十余万，世贤易服逃，而徽州贼亦遁浙江。

虽然左宗棠与曾国藩不和，但是曾国藩去世时，左宗棠给出了中肯的评价：“谋国之忠，知人之明，自愧不如元辅。”不过左宗棠大概也是怀着一种既生瑜何生亮，既生曾何生左的心态。

（四）如何对待忌妒

这个世上，不是每个忌妒者都如左宗棠那般的光明磊落。吕后因为忌妒戚夫人就把她做成了人彘，庞涓因忌妒孙膑便设计挖去了他的膝盖骨，这都不是光明磊落的。要是碰上了这种人，那就真是“倒霉妈妈给倒霉开门——倒霉到家了”。

所以，不遭人忌，重要的一点在于做事要谨慎，为人要低调。如果已经被人忌妒了怎么办呢？听到有人在背后说自己的风凉话，可以尝试一下冷处理，给对方的忌妒降个温。尽量不闻不问，让其自生自灭，没必要反唇相讥。从心理学上来说，这属于一种“消退”过程，可以降低忌妒行为的发生频率。你理他，还可能更强化了忌妒者的忌妒行为。所以要尽量无视掉忌妒者，让他们自己感到无趣，从而产生一种自我怀疑：我忌妒这人这么久，他理都不理我，我是不是个“智障”？

当别人向曾国藩转述左宗棠的诋毁时，曾国藩说自己“拙于口而钝于辩”，嘴巴太笨不善辩论，于是不闻不问，不骂回去，也不反驳，也不疏远。即“以不诟不詈不见不闻不生不灭之法处之”。你骂吧你骂吧，我走自己的路。

左宗棠经常的毒舌对曾国藩来说并无大碍，反而他的才华一直没有被曾国藩忽视。咸丰十年，皇帝问曾国藩关于让左宗棠带兵的意见，曾国藩非常支持，称赞左宗棠，“宗棠刚明耐苦，晓畅兵机”。

在关系到大局的事上，曾国藩更不会因为左宗棠的忌妒而公报私仇。《咸同将相琐闻》记载，同治五年（1866）开始，左宗棠去陕甘平定叛乱，一直到曾国藩去世后一年（1873）才结束。在这期间，曾国藩除了担任了两年的直隶总督，基本上是在两江担任总督，其间给左宗棠不断输送粮草。虽然，左宗棠并不承认平定西北有曾国藩的功劳。

> 文襄常与客言：“我既与曾公不协，今彼总督两江，恐其隐扼我饷源，败我功也。”然文正为西征筹饷，始终不遗余力，士马实赖以饱腾……是则文襄之功，文正实助成之，而文襄不肯认也。

一味的隐忍有时不能解决问题，当忌妒者实在影响到大局时，该出手时就要出手。《清代名人轶事》记载，同治三年（1864），曾国藩由于情报不准确，奏称洪秀全的儿子死在南京城中。左宗棠知道幼天王的行踪后，没有跟曾国藩打招呼，直接上奏皇帝，告曾国藩欺君。要知道，三年前曾国藩刚推荐左宗棠做浙江巡抚哪！

> 盖金陵攻克，公据诸将之言，谓贼幼逆洪福瑱已死于乱军中。顷之，残寇窜入湖州，左公谍知幼逆在内，会李相之师环攻之，而疏陈其事。

面对言语犀利的左宗棠，这次曾国藩真生气了。我也有个旧账要跟你算算。曾国藩爆出一件事：当年左宗棠进攻杭州时，逃出的太平军比这次金陵之战要多得多，当时没有处分左宗棠，现如今也不应以有太平军外逃为由处分湘军。这是曾国藩唯一一次反驳左宗棠，毕竟欺君之事可是大罪啊！

> 公以幼逆久死，疑浙师张皇其词，大怒，特疏诋之。左公具疏辩，洋洋数千言，辞气激昂，亦颇诋公。

令人遗憾的是，这件事情之后，左宗棠与曾国藩这两位老乡再也没有往来。

（五）莫忌妒，莫炫耀

古罗马有一句格言，“忌妒的人把时间和精力都浪费在了他人蓬勃发展的过程中”。当一个人把心思花在忌妒上的时候，往往会忽视自身的成长。生活需要一个边界，界线外的景色无论多么绚烂，那都只是风景，不要去毁坏。自己要做的只是把自己的圈子建设好，成为别人的风景。

活成了遭人忌妒的风景的确是一种成功，但人与人的悲欢并不相通。曾国藩说：“善莫大于恕，德莫凶于妒。”没有比饶恕别人更善良的了，没有比忌妒别人更凶恶的了。

生活，不妨心存善意，温柔以对。

汝真善战者· 急躁

鲍超

字春霆，夔州安坪藕塘（今重庆奉节）人。晚清湘军名将，与多隆阿有“多龙鲍虎”之誉。一生参战五百余场，谥号忠壮。

在一个稳定的生态系统中，物种往往是多样化的。试想，每个人都一样，那将是多么可怕的世界？在曾国藩的朋友中，存在各式各样有缺点的人才。有些人才身上的缺点还特别明显，比如鲍超。湘军有个被误解的刻板历史印象，以为“士人领山农”，即文人带农民是普遍现象。其实湘军这个生态系统的复杂性远远超过一些学者的简单概括。湘军将领鲍超就不是文人。

（一）没文化

根据清朝汪诗侬的《所闻录》记载，鲍超，重庆市奉节人，在没参军之前是个挑水夫。入伍之后，他立了许多功便终于成"土豪"了。但是他没有读过书，字都不认识几个，只会写自己名字。有一次，他被太平军围困在江西九江，想要写信给驻扎在安徽祁门的曾国藩求助。因为嫌弃幕僚太慢，灵魂画手鲍超急得直接自己动手，"大书一'鲍'字，旁作无数小圈围绕之"。其他人都看不懂他是什么意思，问他他还保密，说曾大帅自然能懂。曾国藩收到信后，旁边的人也不懂鲍超在表达什么，只有曾国藩眯眼一笑：老鲍又被人围攻了。随后曾国藩派兵去救援。

（二）没纪律

可能是名字没取好，鲍超的名字反过来就是"超暴"，再加上他的字是"春霆"，即"春天的雷"，那可真是春雷滚滚非常暴躁了。作为一个文盲，鲍超最大的缺点就是不守纪律，其部队的军纪也比较涣散。

咸丰二年（1852），鲍超在广西提督向荣的部队当兵，是一个低级军官。之后，他加入了湖南的绿营，听说了曾国藩办团练。咸丰四年（1854），鲍超投奔曾国藩后，这个重庆辣汉子开始了他的湘军生涯。和杨载福、彭玉麟相比，鲍超的起点比较低，当不上营官，只是当了个哨官。

暴躁老哥一般都很能打，鲍超战绩一直很好。这一年，鲍超先后克岳州、武昌、汉阳，破田家镇、武穴，升为正五品的守备，赐花翎。但这个升级速度，比杨载福还是差了一大截。咸丰四年年底，曾国藩的水师在江西被石达开打败，一分为二。第二年，太平军水师沿江而上，配合陆军重新占领了武昌。鲍超作为回援武昌的部队，离开了曾国藩，听命于胡林翼。因为作战勇敢，被胡林翼提拔为营官，之后好几年，鲍超一直在胡林翼的领导下。所以，鲍超的伯乐准确地说，应该不是曾国藩，而是胡林翼。

到了咸丰八年（1858），鲍超已经是正二品的总兵了。这年六月，曾国藩从湖南老家重新出山，遇到鲍超这个不守纪律的文盲，很不适应。我老曾行走湘军这些年真的很少见这样的问题手下，就跟老师遇到问题学生似的，曾国藩很苦恼。同年九月二十日，曾国藩在信中提到，小鲍啊，你在多年的战斗中立下汗马功劳，奖励拿了不少，很快就可以做提督了，最近在这节骨眼上，做事要低调点谨慎点，“务宜敬以持躬，恕以待人”。还跟他说记住了敬和恕这两个字，才能长期担当大任。什么敬啊，恕啊，又说得文绉绉的，听到这话，鲍超自然是不适应的。两三年后，鲍超一度还想脱离曾国藩的部队，被胡林翼骂了一通。

咸丰十一年（1861），曾国藩写信给左宗棠说，鲍超的军队经常骚扰百姓，非常令人担心。他虽然仗打得很好，名声在外，但是再三警告他还是不注意，士兵骄气很重。他这军队不能去远征，因为没人盯着他，他就放飞自我，完全不守纪律。

> 霆军之骚扰，弟久以为虑。方在盛名之际，虽再三诫饬，春霆即稍儆惕，弁勇皆骄矜不知儆也。该军无方略不宜远征，其患犹浅，惟无纪律，不宜腹地，其患至深。

鲍超走到哪，曾国藩的心就跟着到哪。同治元年（1862）二月十四日，曾国藩写信给湖广总督官文，叹息鲍超太不守纪律了：我老是警告他，但是麻烦你也训诫一下他。

> 春霆纪律不甚严明，弟必常常儆戒，并求阁下便中赐缄诫之。

但这个坏毛病，鲍超一直改不了。同治二年（1863）四月二十八日，在写给彭玉麟的信中，曾国藩说，最近鲍超的部队异常扰民，过段时间遇到他一定要多劝劝，绝对要禁止他扰民，别把名声搞臭了。

《曾国藩全集·书信》记载：“春霆部卒近日骚扰异常……请阁下随时照料劝之。力禁扰民，保全名声，千万千万！”

这年的五月十一日，曾国藩在给杨岳斌（杨载福）的信中，再次谈到了鲍超问题。他在信里叹息，湘军一向都是很守纪律的，但是鲍超所部到处骚扰百姓，绅士与民众都来告状，都说是我的错，我真是冤枉啊！我很愧疚，宁愿不让他去打仗，不立功了，也不愿意我的部下有这样的风气。因为鲍超忠君爱国，有灭贼的志向，所以我就忽略了他的短处，取他的长处。但是他老是扰民，不知道怎么才能让他消停。

楚军向来颇讲纪律，近日霆军到处骚扰，各处来咨及绅民控告者甚多，皆归咎于鄙人。愧而且憾，情愿不打贼了，不愿部下有此风气。春霆心地却好，颇有忠君爱国之意，志在灭贼，鄙人故取其长而略其短。然霆营弁勇扰民如此，为患甚大。

只用别人的长处，限制其短处，这是曾国藩的想法。其实，用别人长处的同时，也要忍受他的短处。鲍超的军队不守纪律，太过彪悍，曾经发生过士兵哗变。《湘军志》记载，同治四年（1865）四月，鲍超军从江西出发去支援陕西，鲍超就回了趟重庆老家，派遣冯标等人带领士兵们继续前进。

但由于湖北没有及时发放粮饷，士兵在金口久留，怨气丛生，又群龙无首，冯标难以控制。鲍超军队多是投降的流寇，暴躁名声广为流传，又都不愿西征，所以军队发生了哗变，叛军一路南下势不可当。到了十二月，叛军才被平定。

> 鲍超军自江西援陕。超假归四川，遣总兵冯标等将前军出汉阳，待饷湖北。饷不时发，又不令其军至省城，久屯金口，军士怨望，冯标等短于抚驭。超军号“霆营”，多收降寇，不乐西征，乃噪而叛，直掠而南，欲合福建余寇。霆营剽悍有名，诸军畏之过于大寇，遂自袁、吉入攸，残安仁而南。

（三）爱财无道

为什么扰民呢？扰民其实就是抢老百姓的财物，本质上是贪财。《柏堂师友言行记》记录了一件鲍超向曾国藩要钱的事。1860年，曾国藩在祁门调鲍超入营。鲍超竟然向曾国藩要两千两银子，补贴家用，被曾国藩训斥。胡林翼听到后，“即自寄三千金赠之。春霆深感激，致死力焉”。如果真是这样，这个鲍超的动机很有问题。

《曾国藩全集·书信》记载，咸丰十一年六月十二日，曾国藩致信鲍超说，老鲍啊，我知道你们很缺钱。你也别担心，等你到了九江就有人给你银子，毓科巡抚同意了，所以你就别抢老百姓的钱了。你这次抢船抢得太多了，名声不好，所以到了九江之后，一定要严格约束部下，好好注意！

> 贵部此次掳船太多，声名大损。一至九江登陆之后，务须约束严肃，禁止骚扰。至要至嘱！

曾国藩在给李鸿章的信中，谈到鲍超的缺点在于用错人，取人钱财没有限制，即“春霆所短，在用人不慎，取财无制”。

（四）业务能力强

鲍超这么不守纪律，但是还是被曾国藩重用，一个重要的原因是鲍超的业务能力很强。作为湘军里的重庆人，鲍超胆略过人。《清稗类钞》记载，太平军听到他来转头就跑。别的军队假借他的名义，效果也同样显著，太平军隔着几百里就开始逃了。

> 自楚皖达三江，复城池及诸隘口以百数，粤寇闻风披靡。他军假其旗号，隔数百里即逃矣。

咸丰五年（1855）时，鲍超还曾经救下胡林翼。当时胡林翼被围攻，鲍超飞快地划桨过去救他，把太平军赶跑。太平军再次攻过来，鲍超干脆烧掉了他们的船，把胡林翼救出重围。

> 会金口陆军溃，贼聚攻胡林翼于高庙。超飞棹往救，力战却之。德安、应城之贼复由涢口来犯，火其舟，拔林翼于重围。

鲍超的威名，还被左宗棠借用了一把。咸丰十年（1860），当曾国藩在祁门被围的时候，鲍超就发挥了作用。太平军打到安徽的祁门大营了，只靠曾国藩一军死守着。鲍超与左宗棠都去援助曾国藩，而左宗棠因为下雨迟到了，于是想了个点子，挂上了“鲍”的旗帜。太平军看到就逃跑了。《清史稿》记载：“宗棠假霆军旗帜，贼见之却走。”看来鲍超的“霆军”名号，堪比一张驱邪符呀！湘军其他将领似乎都没有达到这个效果。

（五）归宿

《清史稿》记载，同治六年（1867），鲍超因为生病回家了。清廷担心鲍超所部太难控制，怕再哗变，曾国藩便推荐了娄云庆（鲍超部下参将）来统治他的军队，然后裁撤掉绝大多数士兵，重新招了五千人，改为“霆峻营”在湖北驻防。

> 鲍超病归，众虑霆军难制，曾国藩荐云庆才能应变，诏饬接统。遂裁撤全军，改募五千人，号曰霆峻营，驻防湖北。

回家后鲍超一直休假休了十三年，直到了光绪六年（1880），皇帝让他做湖南提督，募兵驻乐亭（今河北）防俄罗斯来犯。两年后又因病解职。光绪十一年（1885），中法战争，清廷又命鲍超驻云南马白关（今马关县）外。后清政府与法国议和，鲍超才撤防回家，次年病逝。

鲍超最后的官位终结在湖南提督的位置，没有转入文官系统，总督、巡抚的位置更没有他的份。而原因就在他自己身上，像他这种有业务能力，但是没文化、没纪律的人才，只能被有限地使用了。

一个团队里面，有些人业务能力比较强，但是不守纪律，可能会干出格的事，是把“双刃剑”。而太平天国运动时期是特殊情况，时世造就，所以鲍超才能有机会登上舞台。就连领导能力超强的曾国藩都觉得鲍超不好控制，更何况一般人？与这类缺点和优点同样明显的人交朋友，还是要多谨慎哪！

朴诚忠勇·面子

多隆阿

呼尔拉特氏，满洲正白旗人，字礼堂。晚清名将，与鲍超有“多龙鲍虎”之誉。谥号忠勇。

在曾国藩的朋友中，有一位自尊心和战斗力都特别强，他就是多隆阿。大家都很尊敬他，可是他觉得没有得到“应有的”尊敬，于是离开了队伍，差一点坏了湘军的大事。准确地说，他的离开，差一点让曾国藩的弟弟曾国荃死在南京雨花台。

（一）一个将领的自我修养

1. 身份高贵

多隆阿，字礼堂，听名字就知道他不是汉人。多隆阿出生于黑龙江齐齐哈尔，是一个地地道道的东北人。在历史上，他是给东北人争光的。多隆阿是达斡尔族，属于满洲正白旗，跟末代皇后婉容是一个族一个旗的。达斡尔族虽不是满族，但因为归降得早，在明朝末年清朝的前身“后金政权”建立后，就陆续依附了后金。再加上达斡尔族骑兵能征善战，和满人是同类，所以那时的达斡尔族人比汉人更高贵。在元代，蒙古人最高贵，其次是色目人，然后才是汉人。所谓色目人，就是除了蒙古和汉人以外的人。清代也学习这个制度，把不同民族的人分为三六九等。同时，虽然清代吸取了元朝的教训，让汉人参政，但是汉人毕竟是输家，比起达斡尔族地位要低。

咸丰三年（1853），多隆阿就跟随胜保（时江北大营帮办军务大臣）与北伐的太平军林凤祥部作战。咸丰五年（1855），林凤祥北伐失败，湖北武昌重新被西征的太平军占领，于是多隆阿跟着都兴阿将军援助湖北，这才和湘军有了交集。多隆阿遇到湘军后，有一种城里人去到农村的优越感。

都兴阿的部队属于正宗的八旗军。清廷的正规军有两支，由满人等少数民族组成的八旗军和由汉人组成的绿营军。所谓八旗军按照颜色分为正黄旗、正蓝旗、正白旗、正红旗、镶黄旗、镶蓝旗、镶红旗和镶白旗八个单位。由汉兵组成的这支军队用绿旗做标志，所以叫绿营兵。吴三桂起义之后，清廷禁止汉人掌兵权，就连绿营兵的高级将领都是满族等少数民族。都兴阿和多隆阿的这支部队属于清廷的嫡系部队。嫡系部队的人自然有一种高人一等的感觉，多隆阿就是个典型的例子。何况湘军多由汉人中的山里人农村人组成，都没见过世面。于是，在山海关外长大的多隆阿就觉得自己更有身份了！

咸丰九年底十年初（1859—1860），在太湖县大战前夕，胡林翼与曾国藩讨论谁来担任前敌总指挥的时候，就在给曾国藩的信中说多隆阿是“天子之使”。这个天子之使倒不是说他是钦差大臣，只是八旗军将领而已，总归都是皇帝的人。

2. 有谋略

除了出身高贵，多隆阿本人的业务能力也很强，尤其擅长军事谋略，是个走位风骚的“伏击小王子”。比如咸丰七年（1857）安徽独山镇的战役就体现了这一点。由于太平军占据地理优势，难以攻下，多隆阿就让轻骑兵把太平军引出来，引入事先设计好的埋伏圈，然后用重骑兵发动突然袭击，最终杀五千人，生擒数百人。因为被打得很惨，这场战役之后，太平军看到多隆阿的旗帜调头就跑。

> 《清史稿》记载："自是贼畏其军，见旗辄走。"

咸丰十年（1860）在安徽太湖县的战斗，也充分体现了多隆阿的伏击爱好。这一年正月，多隆阿"自率马步冲突陷阵"，以凌厉的攻势击败了前来援助的陈玉成部队。城内的太平军听说陈玉成败了，就想趁着月黑风高逃走，没想到多隆阿"伏兵四起，截杀未逸者，尽数歼之，即日克复太湖"。多隆阿还乘胜追到了安徽潜山，又收复一城。这场战斗被湘军内部称赞为经典的出奇制胜，多隆阿也因为首功，被赏赐头品顶戴。

> 《清史稿》记载："是役时称奇捷，推多隆阿首功，诏加头品顶戴。"

九月以后，太平军为解救安庆危机，开始第二次西征，兵分五路出发。其中包括陈玉成的部队。十月，多隆阿部与李续宜部一起，在安徽省桐城市内的挂车河摆阵，还是用老套路将太平军包围，"裹贼于中，战酣，以马队钞击"，大获全胜。之后，多隆阿被赐黄马褂。黄马褂是一种官服，不是一般人能穿的。明黄色是当时皇帝的专用色。《新唐书》记载："至唐高祖，以赭黄袍、巾带为常服……天子袍衫稍用赤、黄，遂禁臣民服。"所以这显得黄马褂更加金贵，能得到这种赏赐可是光宗耀祖的事。而陈玉成也因老是被多隆阿打，被打出经验了，那就只好避开他，于是转攻湖北，美其名曰“声东击西”。

咸丰十一年（1861）春，多隆阿的埋伏技术越来越精湛。他率兵由湖北返回安徽，经过挂车河的时候，大摇大摆地过去，引诱太平军出击，就差说一句“来打我呀”了。其实，多隆阿早在山间险要之处设了埋伏，太平军经过的时候就让骑兵踏过去，杀了很多人。

设伏山隘，令贼过呼噪勿击，而以轻骑蹑之，斩馘甚众。

这年四月，陈玉成的声东击西之计不成，带了三万多人进行反击，想要解安庆围，毕竟一家老小都在城里。多隆阿再次设伏，把他们控制在了挂车河，“左右往来冲击，伏发，四面夹攻，歼毙八九千，追剿，五战皆捷”。太平军又退到了桐城，安庆这回再也没有援军了。官文与胡林翼都上疏皇帝称赞多隆阿：“朴诚忠勇，智略冠军，为众所悦服。”

3. 彪悍的东北骑兵

除了出身、谋略以外，多隆阿最自豪的就是他带来的东北骑兵。湘军起家是步兵和水师，在多隆阿来之前是没有骑兵的。作为出身高贵的孩子，多隆阿指挥他的骑兵非常努力地奔跑，取得了一个又一个的战争胜利。太平军里面的普通士兵，家庭普遍贫困，家里没有背景没有资源，太平军就是他们唯一的靠山，参军只为混口饭填饱肚子。打得过就一哄而上，看着苗头不对就溜了，换个大营继续当兵。多隆阿骑兵对太平军展开的进攻，用现代的话说，属于降维打击。

多隆阿的骑兵强到什么程度呢？强到让曾国藩产生了想要复制粘贴的想法。咸丰八年（1858）十月，李续宾和曾国华在安徽三河镇全军覆没，湘军精锐损失，元气大伤。胡林翼为此吐血，曾国藩哭了，湘军战士沉默了，对“陈玉成”三个字产生了恐惧。多隆阿的部队看到形势不妙，从安庆附近退守安徽宿松。而太平军则在兴头上，乘胜而来，气势汹汹，兵临城下。在一个大雾蒙蒙的日子，多隆阿打开城门，大喊一声“小太平军居然敢在你多大爷的马前嚣张”，然后带着东北骑兵和敢死队冲锋陷阵，竟然大胜太平军！这是湘军自从三河镇失利后，重振信心的一场战斗。

> 《清史稿》记载：“次日，贼麕至，值大雾，多隆阿驱劲骑陷阵，敢死士随之，斫杀无算……陈玉成精锐损失过半。自三河失利后，得此捷，军声复震。”

而三河大战中湘军的失败以及多隆阿马队的所向披靡，让善于总结的曾国藩意识到了骑兵的重要性。有些人之所以屡战屡败，就是不善于总结。曾国藩想，我们都是两条腿，哪打得过人家六条腿的呢？咸丰九年（1859）正月，曾国藩上疏皇帝说：“李续宾三河之败，即系贼马数千，为湘军向来所未见。”大意是，李续宾在三河的失败是因为敌军马队力量的强大，而马队是湘军所没有的。于是，他向皇帝提出了增添马队的请求，“拟由官文等奏调察哈尔马三千匹”，让掌管宫内马匹的上驷院去察哈尔，也就是今天的内蒙古自治区察哈尔部落去把马带回来。还要招募安徽颍州、亳州一带善于骑马的人，称为“马勇”。由此，湘军的马队建立起来了。《湘军志》也肯定了在湘军马队成立过程中多隆阿的关键作用。即“湘军成马队，至湖北乃有之。恒用北将，束以湘营制，而多隆阿以此显”。

《胡林翼书集》也强调了骑兵的价值：“募勇一万，不如马队一千，以贼气先怯，贼心先寒。”胡林翼表示，只要有了马队，就算自己这种老胳膊老腿的人上阵也敢带五六千人跟两万敌军打。

> 若马队伏后，即不肖如林翼，自带五六千人，亦敢与二万贼相抗。

多隆阿的东北骑兵获得了湘军的一致肯定。咸丰十一年四月初三日，曾国藩写给曾国荃的信中提到，多隆阿比鲍超更胜一筹，即“多公调度远胜于鲍，其马队亦数倍于鲍”。

4. 消灭太平军的王牌部队

之所以说多隆阿强，因为他消灭了太平军的王牌部队陈玉成部。

湘军的特色是结硬寨、打呆仗，这没错。但是如果仅仅靠结硬寨、打呆仗，一个城市一个城市地推进，什么时候结束战斗？也许能结束战斗，但是速度肯定不快。湘军的人数是有限的，假如湘军攻下了一座城市，太平军又跑到另一个城市，这样战争其实很难结束。战争的关键还是消灭敌人的有生力量。1947 年，在延安，毛主席就曾提出：“我们打仗，不在一城一池的得失，而在于消灭敌人的有生力量。”整个太平天国战争，能消灭太平军有生力量的，还是得靠进攻性强的战斗。多隆阿就是这种战斗力很强悍的人才，陈玉成就是因多隆阿而死。在咸丰八年之后，太平军在军事上主要依靠陈玉成和李秀成，尤其是陈玉成。李秀成比陈玉成大十四岁，更加懂政治，但是军事才能不如陈玉成。多隆阿为湘军做的最大的贡献是消灭了太平天国最具战斗力的陈玉成部队，陈玉成自己也承认打不过他。

《多忠勇公勤劳录》记载了陈玉成写给洪秀全的书信内容：“惟多某老谋善战，用兵如神，臣与对阵，屡为所败，今百万精锐悉遭顿挫，自料力不能敌。”

同治元年（1862）四月，陈玉成又被冤家多隆阿打败，从合肥逃走。多隆阿收复合肥，又命令穆图善、雷正绾去追陈玉成。陈玉成逃跑到了寿州，投靠苗沛霖。但苗沛霖率太平军叛变，把陈玉成捆起来献给了清军的胜保，然后这位太平天国的杰出领袖英王就被杀了。这一切都是多隆阿的功劳。

“山不在高，有仙则名；水不在深，有龙则灵。”一个没有人才的团队是无聊的。而人才往往是有点脾气的，有些技术型人才比较恃才傲物，也很好面子。

（二）好面子

1. 爱出风头

作为“天子之使”，多隆阿自视甚高。胡林翼觉得，多隆阿是一个忌妒心和傲气都很重的人。《胡文忠公遗集》记录：“多礼堂之为人意忌情深，忮（zhì）心尤胜。”《庄子》讲的“大勇不忮”，就是真正勇敢的人不逞强、不骄傲的意思。但是显然，多隆阿不是真正的“大勇不忮”的人。

在阅人无数的曾国藩看来，多隆阿的傲气有点过了。他写给胡林翼的信中也吐槽了多隆阿一番：“而多好理坟山争斗等讼事，又凌辱绅士，颇为官民所憾。”这里的“多”就是多隆阿。据当时舆论说，多隆阿在业余时间竟然还掺和一些争抢坟地的民间纠纷，欺负绅士。这不仅让当时的官民感到惊讶，也让后世的读者大感意外！你说你一个东北来的大老爷们，在安徽也没什么亲戚故旧，既不是料理民事纠纷的按察使，也不是负责人事安排的布政使，怎么会掺和到这些细节琐碎的民间纠纷上去呢？关键是你不认识汉字，连普通话都说得不地道。这除了说明多隆阿爱出风头，好管闲事，或许没有别的解释了！

2. 与湘军格格不入

咸丰八年，都兴阿生病离职，多隆阿便接管了部队。这位豪爽的将领不喜欢文官，可能平时说话口无遮拦，这个还被《湘军志》的作者王闿运记了下来：“多隆阿素以文官不可亲，且己不识汉文，而亦恶儒吏。”湘军里面最大的文官是谁？不就是曾国藩吗？文人和武官经常都是相看两厌，也能理解。但是大家一般都是比较含蓄的，而多隆阿特别豪爽，直接就表现出来了。

《湘军志》记载，在咸丰九年的时候，曾国藩也不喜欢多隆阿、鲍超这两个将领。

> 多隆阿、鲍超新贵重，皆乐为林翼用，惮国藩严，国

藩亦不乐二将。

多隆阿的有些做法，让曾国藩感到不爽。比如咸丰九年十二月，多隆阿撤掉了太湖县的兵力，去小池镇阻击来援的十万太平军，完全不管太湖县城里的几万太平军。根据《湘军志》记载，多隆阿似乎完全没把太湖县的敌人放在眼里，“多隆阿意气自如，国藩忧之”。而谨小慎微的兵部侍郎曾国藩实在看不下去了，只好让自己的新兵去围太湖县，“乃悉发己亲军围太湖”。

曾国藩的气质比较收敛，用咸丰皇帝的话说，“该侍郎性素拘谨”，可能不讨豪爽的多隆阿喜欢。是呀，有时候你以为自己低调点，就不会惹人烦，可没想到有些人就烦这类低调的人。多隆阿对胡林翼还稍微喜欢点，那么胡林翼是否喜欢他呢？其实胡林翼也不喜欢多隆阿，也只是权且用之。咸丰九年底十年初，陈玉成带领十万多人集结在太湖县附近，来势汹汹。让谁担任前敌总指挥抵御敌人呢？胡林翼想让多隆阿当总指挥，曾国藩不同意，推荐鲍超。胡林翼再三争取，曾国藩也就以和为贵，不争不抢了。《清稗类钞》记载：“曾文正公时驻宿松，甚不然之，以书力争者，日凡三四，文忠卒持之。”然而，在胡林翼心里，让多隆阿上台只是应急之计，“吾假此济急耳”。胡林翼还说，“多公骁果善战将之才，非统将之才”，但是为了大局着想，“不得不俯从之”。

与多隆阿争前敌总指挥职务的人是鲍超。在多隆阿当上前敌总指挥之后，鲍超去曾国藩那里请假罢工：老板啊，我母亲病重，所以我得回去，太湖这里我就不陪你们打了啊。心里其实暗暗说，我才不听命于多隆阿。曾国藩戳穿他，你从小不是在孤儿院长大吗？鲍超辩解说，要回去看乳母。胡林翼在给曾国藩的信中提到："鲍之本生父母久故，临大敌而请退，人或笑之矣。"没看出来，鲍超这位悍将是很重感情的。

不过，多隆阿与鲍超相比，还是有个优点的，鲍超是真目不识丁，多隆阿还是认识满文的。鲍超是标准寒门出身，好不容易通过个人奋斗有点积累，级别也不高于多隆阿。所以，多隆阿不可能听命于鲍超。为什么多隆阿容易服从胡林翼而不喜欢曾国藩？想是胡林翼虽然是汉人，却是官宦之家，两江总督陶澍的女婿。而小资出身的曾国藩在咸丰十年四月之前都只是侍郎，没有地方行政大权。"高贵血统"的多隆阿看盘下菜了。

客观地讲，在平定太平天国战役中，除了湘军，还有很多正规兵参战，比如多隆阿、胜保以及袁世凯的叔祖父袁甲三的部队都起到了重要作用。作为湘军的外援，多隆阿的作用是最大的，但他与湘军将领格格不入。而后世多数都是骂清廷腐朽无能的，在高度评价湘军的同时，自然也就忽略甚至贬低了八旗军。成王败寇，多隆阿表示自己很委屈。

3. 不满赏赐太薄

在多隆阿眼里，湘军只是一群山疙瘩和农村出来的人。曾国藩自然也不欣赏他，所以安庆会战之后，在上报战功的时候没有过于强调他的功劳。咸丰十一年八月初一，湘军攻克安庆。此时曾国藩已经是两江总督了。按照惯例，曾国藩向皇帝报告胜利，并推荐一些有功之人。可想而知，对负责打援军的多隆阿不会有过多的笔墨。多隆阿只被赏了个云骑尉世职。九月二十五日，曾国藩在家书中提到，多隆阿嫌弃奖励不够丰富，希望曾国荃写信或亲自去安慰多隆阿一下。

> 多公信来，日内呕血甚多。此人劳苦太过，病恐难于速愈。又安庆克城，人人优奖，惟多公尚嫌其薄。弟当以信函慰之，或能亲往看视亦好。

在安庆会战中，湘军的策略是围点打援。曾国藩让曾国荃包围安庆，拿下首功，让多隆阿等其他将领打援。陈玉成不惜代价来营救太平军，那么湘军打援的任务是非常重的。正是在打援的过程中，多隆阿消灭了陈玉成的有生力量。如果没有多隆阿，陈玉成没那么容易消灭，太平天国也就没那么快灭亡。

曾国荃在书信里对多隆阿的评价非常高，“多公材智胆略冠绝群雄，实可将四五万人”。这个评价很客观，就是不知道曾国荃有没有亲自安慰一下多隆阿受伤的心灵。

可能皇帝后来发现了什么，在十月又赏了多隆阿一次。即“擢正红旗蒙古都统，又擢荆州将军”。但是多隆阿那高傲的心灵受到了无情的伤害，留下了永远的伤疤。

人非圣贤，孰能无过，每个人可能都会在不经意之间得罪人。

其实多隆阿没想到曾国荃对他评价这么高。多隆阿的人生一路顺风，遇到一点挫折就想不开，放不下。他已经习惯了马上得到“应有的”回报，对心理学家说的“延迟满足”这个概念没有任何共鸣。所以他要报复，也因此即将犯下人生最大的错误。

4. 不救曾国荃

同治元年四月，攻下庐州（今合肥），诱捕陈玉成后，多隆阿的名字颇有震慑太平军的作用了。《湘军志》记载:“当是时，多隆阿之名慑惮群寇。”

此时，曾国荃为了抢得“抗太大业”的头功，一路小跑冲到了南京城外的雨花台驻扎下来。这一切被多隆阿看在眼里。“曾国荃你够急的呀！又要让我帮你打援军！功劳都是你的，我什么好处也捞不着！”多隆阿一边骂着，一边以骑兵的速度在心里飞快地盘算着。他写信给曾国藩说，前方军事指挥权应该统一在一个人手里，意思就是应该在他手里。

《湘军志》记载："即报国藩，言军事权宜专一，以微示不与曾国荃同处。"

然而，这一切都逃不过曾国藩那双犀利的三角眼。这年五月，曾国藩给多隆阿的信中写到，我弟弟平时挺谨慎的，这次肯定听了什么人的谗言，怕南京的洪秀全逃跑，所以那么快就孤军深入了。言下之意，我弟弟并不是冲着抢头功去的，他没有想抢你功劳的意思了。

弟向来稳慎，或因轻听人言，畏金陵贼有欲遁之意，遂不暇瞻顾后路。

多隆阿也找了借口，陕西、甘肃一带发生暴乱，官文大帅让我手下的雷正绾去镇压了，我怕人数不够，必须要自己亲自出马。曾国藩说，现在的江南战局"较之救陕，更为切要"，希望先拿下南京，到时候我再将所有军队交给你去陕西征讨，可以迅速平乱，行吗？但是多隆阿等不到那一刻，他说，对不起，事情紧急，我得先走了。

那是曾国藩一生最为焦虑的日子。本来李续宜可以去帮助曾国荃的，但是他忽接父丧，回家奔丧了，其部将唐训方被太平军阻于寿州。鲍超由宁国北进，遇太平军杨辅清部，亦难到达。这时，可援之军只有多隆阿一路，多隆阿居然不去救他。

其实，曾国荃这个人也是友善可爱的。当时在南京雨花台前线，曾国荃给哥哥写信抱怨，去年自己写了好几封信给杨载福，却“鲜有还者”，还写了十五封信给彭玉麟，却只收到两封回信。以后他决定不主动给人写信了，“不为营中公事，无先施之信”，但他收到别人的信则每次必回，“亦无不复之信”。原来因为别人没回微信在生闷气呢！这个小弟遇到的问题和现代小伙子交朋友遇到的问题是一样的。

虽然说没有回微信的理由有千万条，但是经常不回通常是故意的。要么是对方故意考验自己，要么就是不想联系自己。那么，为什么多隆阿、彭玉麟等将领不与曾国荃交好呢？第一是因为他哥哥曾国藩对他在粮饷和工作岗位上太照顾，大家觉得曾国荃就是个“哥宝男”，打下城池后总是头功，成功来得太容易。第二是曾国荃的打法没什么技术含量，就是围城挖沟筑墙，对城内的敌人断水断粮，然后挖地道轰开城墙。没有受过专业军事训练的人也会这招，所以曾铁桶在能力上被鄙视。第三个原因就是曾国荃贪财。有了这三个原因，连杨载福、彭玉麟这些曾国藩的嫡系都鄙视他，更何况高冷的多隆阿。

而此时的多隆阿通过湖广总督官文请求西征，获得了皇帝的同意，“寻命督办陕西军务，率所部西征”。就这样，在一个天气并不晴朗的夏天的早晨，多隆阿头也不回地走了。

事实证明，他的离开，是任性的错误的。

5. 战场上穿起黄马褂

那么多隆阿到了陕甘地区后的表现如何呢？同治元年十一月，多隆阿入陕西渭南市潼关县，被授予钦差大臣，督办军务。“钦差大臣”的称号终于戴在自己头上了，多隆阿很激动。第二年农历八月暂时平定了暴乱，而陕西南部与四川接壤的地方又暴乱了，“川匪蓝朝柱近踞盩厔”。盩厔（zhōu zhì）在陕西省西安市的周至县，也是晚清名将多隆阿的葬身之地。关于他的最后一战，《清史稿》只有简单的一句话：“三年春，亲督兵力攻，城小而固，多隆阿愤甚，临高指挥督战，城已垂破，忽中枪，伤头目。”周至县只是一个小小的地方，打了这么久都没打下，自己本身就觉得很没面子，传到曾国荃耳朵里，都不知道怎么笑话自己。而这时，朝廷来了奏折嫌他太慢，“严旨诘问”。好面子的多隆阿更加着急，“愤甚”，气得要命，结果真的就没了命，被敌军击中头部。同治三年（1864）四月，多隆阿不治而亡，谥号忠勇。临终的遗言是让家里不要有多余的财产。

那多隆阿为什么会被精准击中呢？原因在于他穿上了皇帝赏赐的黄马褂。小小的城打了很久都没打下来，朝廷那边还在催，这回全世界都知道我多隆阿没本事了。于是多隆阿气得亲自上炮台擂鼓。一军统帅亲自擂鼓激励士气，本来没什么不好，但是错就错在他居然穿着皇帝赐的黄马褂去擂鼓。一般被赐了黄马褂哪个不是小心翼翼地好好保存着，到重大场合才拿出来穿？而多隆阿喜欢炫耀，有事没事都拿出来穿着，让别人看看自己受到的恩宠。上战场你穿着明艳艳的黄马褂是怕敌军找不到靶子吗？这回可好，敌军看到擂鼓的是多隆阿大帅，从房间角落里找到一杆鸟枪，打中了多隆阿的脑袋。

> 《清稗类钞》记载："多在炮台亲自擂鼓，寇见其衣黄马褂也，知为大帅，以鸟枪狙击之，头眼受伤。"

俗话说财不外露，枪打出头鸟，是很有道理的。

（三）结语

在湘军这个团队，曾国藩、胡林翼只是领导，不亲自参加战斗。从战斗力上讲，最强的几个战将是塔齐布、罗泽南、李续宾、多隆阿和鲍超。咸丰八年十月之后，塔齐布、罗泽南、李续宾相继不在了，多隆阿和鲍超被合称为"多龙鲍虎"。鲍超不识字，而多隆阿只是不识汉字，又隶属满洲正白旗，完全有机会成为督抚大员。

然而，酒喝多了伤身，饭吃撑了伤身，面子要得太多了也同样。如果多隆阿不是那么爱面子，或许他跟湘军的关系会更好，甚至有可能与曾国荃一起拿下南京城，分享“抗太”胜利的果实。如果他不是那么爱要酷，只穿一件普通制服指挥作战，也许平定陕甘暴乱就轮不到后来的左宗棠了。可惜历史已经远去，留下无尽的遗憾。

植物追求阳光和雨露，但阳光太强烈会灼伤植物，雨水太多会引起水涝。只有在阳光雨露都适当的情况下，植物才能尽情生长。面子就像肥料，可以激发个人的成长，但过量了也会被其所累。

脸上有麻者帅才也·倔强

刘铭传

字省三，人称刘六麻子，安徽合肥（今肥西大潜山麓）人。清朝名臣，台湾省首任巡抚。谥号壮肃。

（一）志向宏远

刘铭传，字省三，安徽庐州府合肥县人。虽世代务农，但是他从小就很有气魄。《刘壮肃公奏议》记载，年少时的刘铭传曾登上大潜山的山顶仰天长叹："大丈夫当生有爵，死有谥。"在志向上，刘铭传与李鸿章如出一辙。用曾国藩评价李鸿章的话就是"拼命做官"。青年李鸿章在进京赶考时曾提笔写下他的壮志："一万年来谁著史，三千里外觅封侯。”

咸丰初年，刘铭传和潘鼎新等人在家乡办团练办得风生水起。《李文忠公事略》记载，咸丰十一年（1861），李鸿章奉命回合肥老家招募淮军，收编了刘铭传等的民团，这成为刘铭传人生的一个转折点。

> 李鸿章之始募淮军也，因旧团而加以精练，二张、二周、潘、刘咸从焉。

（二）曾国藩慧眼识之

> 要正确地判断一个人，首先要观察他平时的一举一动，出其不意地看他每天干些什么。
>
> ——法国哲学家　蒙田

《世载堂杂忆》中记载了一次曾国藩“以貌取人”的情景。有一次，曾国藩和李鸿章微服视察军营。此时正是休息时间，军营里有赌博划拳的，有靠桌看书的，还有五音不全荼毒别人耳朵的，也有静坐不说话的，甚至还有呼噜声震天的。

曾国藩那犀利的目光扫了一圈之后，停留在窗边一个光膀子看书的人身上。只见他左手拿书，右手拿酒杯，朗读一篇文章便喝一杯酒，兴奋了还绕着椅子大声喊叫，然后坐下来继续读书，一副旁若无人的样子。曾国藩很疑惑，这什么书呀能把人吸引成这样？于是曾国藩走过去，拍拍他的肩膀问他读的什么书。他也不认识这老头是谁，给看了下封面《史记》，继续埋头沉浸在他的“黄金屋”里。

巡视完出了门，曾国藩笑着对李鸿章说：“这里面，日后成就最大的定是那个光膀子喝酒看书的奇葩。他叫什么名字？”李鸿章说：“他叫刘铭传。”

曾国藩“看相”看得很准，刘铭传果真混得不错，后来成为淮军名将，还成为中国历史上第一位台湾巡抚。大家都知道，詹天佑是中国铁路之父，而首先倡议在中国造铁路的却是刘铭传。如果曾国藩是投资人，那么刘铭传就是未来大牛股的掌门人了。

短短的一次突袭，曾国藩却给刘铭传这么高的评价。让人不禁想问，曾国藩究竟看中了刘铭传的什么呢？为什么没有点中那位静静看书的人呢？

首先，从刘铭传身上，曾国藩看到了两种相反气质的和谐共融。试想，如果刘铭传当时看的不是《史记》而是《唐诗三百首》，曾国藩还会这么高度评价他吗？就算他把唐诗倒背，曾国藩只会觉得，这个人可以成为一个放浪形骸的诗人，而不会觉得他有军事成就。

在战场上，一个出色的军事指挥官，既需要胆略，又需要冷静。酒壮人胆，史书却让人理性。感性和理性，勇敢和冷静，这两种不同的元素，能和谐地共存于一个人身上，实属难得！

一个公司要发展一项新业务，既需要头脑风暴让大家热起来，又需要冷静分析可能的风险，比较各种方案的优劣。兼容冷热两种气质的人，不管在古代还是现代，往往都是大才！刘铭传就是这样的大才，这也是曾国藩看中他的原因。

另外，刘铭传在这个案例中还体现了一种专注力。他进入了书本的世界还手舞足蹈，完全忘记了士兵的喧嚣和曾国藩的“打扰”。对大多数人来说，很难同时兼容多种气质，却完全可以提高做事的专注力。

关于曾国藩面试刘铭传的故事有很多。据《古春风楼琐记》记载，曾国藩指派李鸿章训练淮军时，李鸿章曾经带三人请曾国藩面试。那时候没有电话，无法预约下午三点面试或者什么时候，所以只能碰运气。李鸿章他们来的时候，曾国藩正吃完饭准备出去散步。李鸿章就陪同曾老师出门，同时让三人站在门口等候。

三人一直站着等，终于等到慢悠悠走回来的曾国藩和李鸿章。在公馆里，李鸿章问，要不要把他们叫进来面试？曾国藩摆摆手说不用了。李鸿章有点纳闷，于是问道：“这是为何呀？”

曾国藩摸着胡子说：我在散步前后都观察过他们。右边那人跟我对视一眼后，一直低着头研究地面，是个老实人。可以让他做个保管粮草、传递书信的物流小哥。中间的那人，我看着他的时候他很恭敬，我转过身他却东张西望的，是个阳奉阴违的人，不可用。站在左边的那个脸上有麻子的就不错，眼神坚定，目光如炬，是个将才。众人见我出来，大气都不敢喘一个，只有麻脸小伙子不卑不亢的，昂首挺立，胆量和才气都不一般。即“脸上有麻者帅才也”。

而那个脸上有麻子的小伙就是刘铭传。曾面试官只是扫了一眼，就看出三人的品行。

> 人们以为品德善恶的表露，是出于明显的行动；却不知在自己不知不觉之间已泄露出了自己的品格。
>
> ——美国哲学家 爱默生

（三）不好驾驭的人才

刘铭传参加淮军后立下不少功劳。从同治元年（1862）到三年（1864），刘铭传跟随李鸿章收复了上海和江苏。在同治四年（1865），刘铭传被“借调”到了曾国藩手下。

《曾国藩年谱》记载，同治四年五月初三，清廷派曾国藩前往山东一带剿捻。但此时湘军只剩下三千人。

> 金陵楚勇裁撤殆尽，仅存三千人，作为护卫亲兵。

曾国藩为了完成朝廷派发的任务，只能借用淮军剿捻了。即“四年，曾国藩督师剿捻匪，主用淮军”。淮军终究是借来的，用起来不顺畅，比如刘铭传这个悍将就太难驾驭了。

什么叫“你能得到我的人，但你得不到我的心？”刘铭传就有这种感觉。刘铭传在曾国藩帐下参加剿捻，但是由于捻军飘忽不定，经过一年多的时间，剿捻也没什么成效。刘铭传心中萌生退意，但他自认为是李鸿章的人，所以他就请示李鸿章。王定安的《求阙斋弟子记》记载，李鸿章给曾国藩写信说，刘铭传太累了，想请假回家休养。即“驰驱转战，尤形劳惫”。

据《曾国藩全集·书信》记载，这年七月十八日，曾国藩给了李鸿章答复：你说刘铭传太累想请假？放心吧，我是不会批假的！大禹治水三过家门而不入，何况刘铭传在一年多前就回家住了几个月，也不算多劳累。这个请假理由有点牵强了。要是大家都累了就请假，这场仗还打不打啦？

> 省三自元年夏赴沪，今仅四年有奇，三年冬曾回籍小住数月，亦不为甚劳、甚久。

曾国藩在信中也表达了他的不满，现在淮军都是归我管，你就别操心了。凡是私自发到你那里的请求，应该由我来审批，则号令统一。

> 目下淮勇各军既归敝处统辖，则阁下当一切付之不管。凡向尊处私有请求者，批令概由敝处核夺，则号令一而驱使较灵。

除此，曾国藩还向李鸿章“请教”如何吸引人，让部下这么死心塌地。在湘军里，罗泽南、王鑫、李续宜、杨载福等人都想着要自立门户，不肯在我和胡林翼、骆秉章几个老头子手下工作。而你的淮军就不一样了，刘铭传、潘鼎新这些血气方刚的将才都甘心服从你。你的魅力怎么这么大呢？

> 湘军如罗罗山、王璞山、李希庵、杨厚庵辈，皆思自立门户，不肯寄人篱下，不愿在鄙人及胡、骆等脚下盘旋。淮军如刘、潘等，气非不盛，而无自辟乾坤之志，多在台从脚下盘旋。岂阁下善于制驭，不令人有出蓝胜蓝者耶？

经济学思想史上有个叫重商主义的理论，刘铭传这是“重情主义”呀！曾国藩在给李鸿章的信中感叹：“只有淮军才灭得了捻匪，也只有你才能驾驭得了淮军。”

> 区区微忱，非强贤昆仲以所难，实见捻匪非淮勇不能灭，淮勇非君家不能督率，筹维至熟，敢布一二。

虽然曾国藩对刘铭传的做法有些不满，但是并没有发作出来。相反，同治五年（1866）十一月二十一日，《曾国藩全集·书信》记载，当刘铭传去湖北和曾国荃配合的时候，他还叮嘱曾国荃，说刘铭传非常服从指挥，让弟弟好好配合。这体现了曾国藩的大帅气度。团结一切可以团结的人，这就是统一战线。

> 淮军入鄂，请弟殷勤款接，视之如一家眷属。盖年余以来，诸军虽未立大功，而其听我之话，与听少荃之话实无以异。弟若隔膜视之，则将领或疑我平日之不诚。

站在曾国藩的立场上，刘铭传倔得像头牛一样，确确实实是一块难啃的骨头。刘铭传少有大志，才气无双，矢志不渝地向着李鸿章。但曾国藩慧眼识人，不仅能团结为我所用的人才，也团结那些难以驾驭又于国于民有用的人才。

第六章

谨慎识友

以怨报德

沈葆桢

字幼丹，福建侯官（今福州）人。道光二十七年进士，任江西巡抚，后官至两江总督、南洋通商大臣。对晚清的海防、船政及留学生培养有重要贡献。谥号文肃。

朋友是什么？朋友就是可以相互帮助的人；朋友就是不相互伤害的人。要帮助值得帮助的朋友。而有一种朋友不值得帮助，那就是特别骄傲的朋友。这种朋友，得到了帮助也根本不领情。沈葆桢就是这类人，差点坏了曾国藩的大事。

（一）关键时刻，背后捅刀

同治元年（1862）八九月，曾国荃的两万部队在南京城外被李秀成的二十万大军围困，情况危险。双方耗着，都在考验各自家底，比比谁更有钱、粮。而这时的江西巡抚沈葆桢在没有任何征兆的情况下突然断供四万银两。虽然从前车、马、邮件都很慢，但是这种关乎生命的大事，曾国藩竟没收到任何消息。曾国藩在奏疏中就写道，当时我军瘟疫大作，沈葆桢的做法太不近人情了。

> 元年八九月间，臣军疾疫大作，死亡无算，而忠逆大举援救金陵，危险万状，沈葆桢乃于是时截留漕折银四万，既不函商，又不咨商，实属不近人情。

同治元年九月十三日，曾国藩在日记中表达了焦虑的情绪："因沈中丞奏截留江西漕折银两，每月少此四万，士卒更苦，焦虑无已。"次日，又写道："似有处处与我为难之意，寸心郁郁不自得。"要知道沈葆桢是曾国藩一手提拔的，关键时刻突然捅刀子，莫非沈葆桢是太平军的卧底？

曾国藩极大地忍耐之后，给沈葆桢写了封私信，表达了对老朋友的理解，还提了个折中的方案，比如分一半，给两万也行！

> 敝处愿匀分二万金月供韩军，或全提漕折，或漕项一万、厘局一万，皆指有着之款，下欠一万。请公或截部漕、或提地丁补之。

沈葆桢什么反应呢？就当没看见。曾国藩作为两江总督管着江西，发公文给他。沈葆桢回复，没钱。

（二）再次断供

曾国藩想，沈葆桢不给我，我就从别的地方调集粮饷吧！宰相肚里能撑船。同治元年，九江开埠，江西有了新的财政来源，每月可多获数万两关税。曾国藩上奏朝廷，想从九江的关税中抽出三万两送到曾国荃大营，获皇帝批准。沈葆桢立刻向皇帝申请要把税全部留在江西。皇帝可能都觉得沈葆桢做得有点过分，让他兼顾一下曾国藩，“饬抚臣妥筹兼顾，如数分拨”。至于怎么妥筹兼顾，有点模糊。就在九江的官员蔡锦青将一万五千两银子拨付过来时，沈葆桢又跳出来了，他认为蔡锦青没有到他这里批报，霸道地要求曾国藩把一万五千两银子退回，还发文到曾国藩处表示抗议。毕竟曾国藩是两江总督，江西本就是他的辖区。曾国藩真是有理说不清，他不想刚提拔一个人就参奏他，自己打自己的脸，继续忍吧。

> 二年，浔关洋税一案，臣奏拨三万两，奉旨允准，沈葆桢旋奏留专供江、席二军之饷，钦奉寄谕以皖营军饷短绌，饬抚臣妥筹兼顾，如数分拨。逮关道蔡锦青分拨万五千两解至臣营，沈葆桢乃大怒，严札申饬蔡锦青，并移咨诘问臣处，但有峻厉之词，绝无婉商之语。

（三）截留厘金

沈葆桢到这里已经很过分了，但是还有更狠的！同治三年（1864），饷银极缺，曾国荃围困南京的部队欠饷严重，有的甚至长达十多个月，士兵每日只能喝稀粥，整个军队随时可能会哗变。刚过完年不久，沈葆桢突然启奏皇帝，要收回原本给曾国藩大营的茶叶税和一种叫“牙厘”的厘金，也就是过路费，不给曾国藩了！本来曾国藩部队每个月需要五十万粮饷，有江西厘金的时候也只能发六成粮饷，断了江西厘金之后只能发四成粮饷，也就是整整少了十万粮饷！这次，曾国藩终于动怒了，向皇帝参奏了沈葆桢：“此次截留牙厘，不能不缕陈而力争者，实因微臣统军太多，月需额饷五十余万，前此江西厘金稍旺，合各处入款约可发饷六成，今年则仅发四成。”沈葆桢的理由是江西军队已经拖欠士兵工资好几个月了。曾国藩说，前线的士兵被拖欠工资都十几个月啦！

> 而江西抚臣所统各军之饷均发至八成以上。臣军欠饷十六七个月不等，而江西各军欠饷不及五月。

皇帝呀您来评评理，我反省自身，坚信自己对沈葆桢无愧。我当初推荐他做江西巡抚，也没有非得让他记我的恩情。我究竟哪里做得不对，让他如此对我啊？

> 不知臣有何事开罪，而不肯一与商酌？……人恒苦不自知，或臣明于责沈葆桢而暗于自责？臣例可节制江西，或因此而生挟权之咎？臣曾保奏沈葆桢数次，或因此而生市德之咎？几微不慎，动成仇隙？

后来的事实也证明，沈葆桢的确不是太平军派来的卧底，如此做法尚且让今人费解，更何况曾国藩了。曾国藩结识了沈葆桢后，多次在给皇帝的奏疏中表达了对沈葆桢的褒奖，使沈葆桢能在皇帝心中刷个脸。咸丰八年（1858）九月，曾国藩给胡林翼的信中，也表达了对沈葆桢的欣赏之情，觉得沈葆桢能超过他的舅舅林则徐："幼丹近亦猛进，心地谦而手段辣，将来事业，当不减于其旧（'旧'应当是'舅'）。"当年十月，给王庆云（时任四川总督）的信中也夸奖了沈葆桢一番："幼丹为国藩办理粮台，情好良笃。"曾国藩对沈葆桢可真是好到极点，不仅在言语上夸奖他，在行动上也多次向皇帝力荐沈葆桢做官，让他得以升官发达。沈葆桢人生能得曾国藩这一赏识自己的人实是幸事。

（四）难以合作

沈葆桢为什么这么做呢？江西按察使李桓给出了答案。他在给李鸿章的信中说，沈葆桢“极欲自立门户”。原来，沈葆桢就是想自己在江西自立门户，编练出一支属于自己的军队。

林则徐的外甥兼女婿沈葆桢从小性格刚猛、骄傲、孤僻。他曾写了一句描写月亮的诗云：“一钩已足明天下，何必清辉满十分。”一点鱼钩般的月亮就满足了！林则徐读了，认为有不妥，替他把“必”字改为“况”字。“何况清辉满十分”，诗意迥然不同。一字之差，反映了翁婿两人的不同襟怀。

另外，长期的工作经历，也强化了沈葆桢的刚猛性格。沈葆桢是道光二十七年（1847）进士，选庶吉士，散馆授翰林院编修，后来迁都察院御史。都察院主掌监察、弹劾及建议。与刑部、大理寺并称三法司，遇有重大案件，由三法司会审，亦称“三司会审”。咸丰四年（1854），沈葆桢提为江南道监察御史，就是说去巡视地方了，专门监督地方官员。咸丰五年底六年初（1855—1856），三十五岁的沈葆桢从御史岗位下来，做了九江知府。因那时九江被太平军占领，所以被调到曾国藩大营工作。刚猛、孤傲的性格被工作强化后，沈葆桢的缺陷被更加放大，导致他越发目中无人。

根据《清史稿》记载，沈葆桢一言不合就离职。某次与人不合，便打包回家了，给出的理由是父母年纪大了。即“以伉直忤大吏，乞养亲去官”。曾国藩赏识他，咸丰十年（1860）的时候让他做道员（吉赣南道），“十年，起授吉赣南道。以亲老辞，未出”。注意，这不是守孝在家。如果守孝在家，推辞不去还说得过去，根据曾国藩奏折记载“该道双亲尚健”。父母都健在，就是不出山，这完全是摆谱。

同治元年正月初十，曾国藩跟皇帝说，催了好几次，沈葆桢还没来，不过估计能很快来的。即“沈葆桢迭经檄催，尚未到营。臣于上年十一月二十五日附片覆奏该员堪膺疆寄，钦奉谕旨简授江西巡抚，计可迅速赴任”。

当时的情形，太平军战事正酣，沈葆桢却完全没有大局观。这与同治初年对曾国藩的情形如出一辙。所以说，事情总是有征兆的。

（五）结语

面对沈葆桢多次的背叛，曾国藩一度非常生气。根据清代朱克敬的《暝庵二识》记载，曾国藩曾经对幕僚开玩笑说，应该在科举考试时设一个“绝无良心科”，意思就是指沈葆桢太没良心了。即“天下事有非贤豪所能济者，有非庸人所能办者，当别设一科，曰绝无良心科”。举座皆大笑。现代生活中，如果哪位朋友碰到了这样恩将仇报的人，可以给他颁一个“奥斯卡没良心奖”。

但是曾国藩并没有一直怀恨在心，还告诫家人不要对此多言。二人到后期的关系有所缓和，离不开曾国藩豁达的胸怀。曾公做人能有如此宽大的胸襟，正是后辈对其推崇备至的原因之一。同治六年(1867)，曾国藩在给曾纪泽的信中写道:“余于左、沈(即左宗棠、沈葆桢)二公之以怨报德，此中诚不能无芥蒂，然老年笃畏天命，力求克去褊心、忮心。尔辈少年，尤不宜妄生意气，于二公但不通闻问而已，此外着不得丝毫意见。切记，切记。”

患难鉴真友

江西巡抚

咸丰五、六年间，曾国藩官任兵部侍郎，实权欠缺加之战事不利，使其受困江西，此时江西的多任巡抚及官员与曾国藩的关系有好有坏，也让曾国藩认清了谁是真正的朋友。他们分别是陈启迈、文俊、耆龄、恽光宸、毓科和沈葆桢。

谁是我真正的朋友？这个问题很重要。因为这个问题的误判而抱憾终身的人，数不胜数。一个人如果想要有所成就，单枪匹马是不够的，即使个人能力再强，也要懂得鉴别朋友，团结真正的朋友！

通常的观点认为，曾国藩于咸丰五年（1855）、咸丰六年（1856）在江西陷入困顿，是因为他和江西官场中官员的关系不好；而之所以关系不好，是因为他没有江西巡抚的权力，“客军虚悬”。

人与人之间关系的好坏，关键看什么？经过对这段历史的研究，结论就是，那些与我志同道合，并能用行动帮助支持我的人，才是真正的好朋友。嘴上客套没用，关键看行动。套用王阳明的话说，友谊还得在事上磨。

（一）陈启迈

陈启迈，字子皋，号竹伯，湖南武陵（今常德）人。嘉庆元年（1796）生，大了曾国藩十五岁。都说三岁一代沟，两人之前就差了五个代沟，不过两人都是湖南人，还都是道光十八年（1838）中的进士，最初的时候关系还是挺好的。直到陈启迈坐上江西巡抚这个位置一段时间后，陈启迈开始飘了。《清史稿》记载："壬子，张芾罢，以陈启迈为江西巡抚。"他就是在担任江西巡抚的时候，跟曾国藩关系恶化的。

1. 初始的好友

曾国藩在道光二十一年（1841）就与陈启迈有往来，有时早上锻炼散步也会来到陈家。两人可能还会一起吃个早餐。曾国藩日记中记载："早起。步行至杜兰溪处，陈竹伯、芸渠、陈岱云处。"

曾国藩在道光二十四年（1844）五月给家人的书信中还聊到陈启迈考试考得不错，说明家人知道曾国藩有这么一个朋友，两人的私交还可以，不然曾国藩也不会无端在家书中提到他。《曾国藩家书》记录：“十八日散馆，一等十九名。本家心斋取一等十二名，陈启迈取二等第三名，二人俱留馆。”

道光二十九年（1849）三月，曾国藩还写信给家人说让陈启迈帮忙带东西回家。看来从古到今朋友的一个重大功能就是：带东西、代购、代运。

> 前乔心农太守行时不能多带，兹因陈竹伯新放广西左江道，可于四月出京，拟即托渠带回。澄弟《岳阳楼记》，亦即托竹伯带回家中。

咸丰五年正月初四，这时当了一年江西巡抚的陈启迈跟曾国藩的关系还是可以的。曾国藩的水师危难跑到南昌的时候，陈启迈还给了水师们饭吃，又是暖人胃又是暖人心的，还安慰了他们一番。《曾国藩年谱》对此事也有记录：“其陷入内湖之水师，闻老营被袭及大风坏船之警，相率赴南昌，巡抚陈公启迈给以口粮，抚而辑之，军心渐定。”

2. 关系渐冰

感情变化，从对一些事情上的看法不同开始。据《清史稿》记录，咸丰五年曾国藩在江西的时候，跟陈启迈之间不能彼此亲善和睦。而且曾国藩在年初刚到江西的时候，陈启迈在很多事情上都多加阻挠。即“国藩前于五年初至江西，兵饷俱困，地方官吏狎侮掣肘，事多艰阻”。

《曾国藩年谱》也证实曾国藩与陈启迈的关系在咸丰五年三月就已经不是很好了。两个人在调兵遣将方面意见相左，而且陈启迈还在饷银方面多加阻挠。谈钱伤感情，两人的感情自然就没那么好。再加上陈启迈因为江西万载县的知县跟曾国藩的人彭寿颐有矛盾，严刑审讯了彭寿颐，让彭寿颐惨死。这件事，让陈启迈与曾国藩的关系更加冰化。其实大家都为朝廷效力，何必那么较真呢？不较真会死吗？战争年代，或许还真会死的。何况陈启迈还是以公报私。

> 江西巡抚陈公启迈与公谋调遣兵勇，意见多不合，饷尤掣肘。万载县知县李皓，与其乡团举人彭寿颐，以团事互相控诉。公见彭寿颐，赏其才气可用，札调来营差遣。陈公乃收系彭寿颐，令臬司恽光宸严刑讯治之。以是尤多龃龉。

彭寿颐是曾国藩看重的人，最后却让陈启迈害死了，这可把曾国藩气坏了。咸丰五年六月十二日，曾国藩就狠狠参奏了陈启迈一本。我敬爱的皇帝啊！我跟陈启迈是老乡，又是同一年中的进士，还一起在翰林院做过同事，我们向来没什么大矛盾。自从我们一起共事了几个月，我看他做事颠倒黑白，有不少差错，陈启迈他不是以前那个陈启迈了，我怕他误大事，所以才找皇上您说说。经此一说，皇帝决定，把陈启迈给辞了，让文俊去做江西巡抚，然后叫他把曾国藩上奏的具体情节好好给查查。

> 公又专折奏参江西巡抚陈启迈劣迹较多、恐误大局一折。奏称：臣与陈启迈同乡同年，同官翰林，向无嫌隙。自共事数月，观其颠倒错谬，迥改常度，深恐贻误全局，不敢不缕晰陈之。奉上谕："江西巡抚着文俊补授。未到任以前，着陆元烺署理。陈启迈着即革职，按察使恽光宸先行撤任，听候新任巡抚文俊查办该抚。到任后，着即将曾国藩所参各情节逐款严查，据实具奏，不得稍有徇隐。"钦此。

曾国藩太生气了，找皇帝说不够消气，得通知家里人是自己识人不清啊！咸丰五年六月十六日，曾国藩在给家人的信中抱怨："陈竹伯中丞办理军务不惬人心，与余诸事亦多龃龉。凡共事，和衷最不易易也。"意思是说，陈启迈办事不合人意，跟自己在很多事上的意见都有矛盾。大家都是来朝廷上班的，陈启迈太不友爱了。

感情积累好多年，崩溃只需几个月！要不是曾国藩跟陈启迈共事几个月，把两个人的感情在事上好好磨磨，哪能看出他是个假朋友。

（二）文俊

文俊，满洲镶黄旗人，字秋山。咸丰五年七月，陈启迈被革职之后文俊开始接替他上班了。《清史稿》记载：“广东贼陷湖南郴州、宜章。癸亥，陈启迈夺职，以文俊为江西巡抚。”感情这种事本来就不好琢磨，再加上要放在事上磨，就更复杂了，外人都看不清。所以不同的史料在记录曾国藩与文俊的感情方面有点不一。

1.《清史稿》：两人关系一般

根据《清史稿》记载，咸丰六年的时候，曾国藩和廉兆纶（时任工部侍郎，与曾国藩关系甚密）都认为耆龄这个人比较好，还踩了一下文俊，说了他一些坏话。第二年文俊就被罢免了，耆龄成了新的江西巡抚。即“（咸丰六年）时江西司道多统军，曾国藩及学政廉兆纶皆以耆龄为善，而訾议巡抚文俊。七年，诏罢文俊，擢耆龄为巡抚”。所以按照这个说法，曾国藩和文俊的关系肯定是不怎么样的，不然怎么会跟别人讨论文俊的坏话，让他被辞退了呢?

2.《湘军志》：没谈两人关系，文俊离职不是曾国藩的错

《湘军志》对此事有不同的说法，其中没有提到曾国藩跟廉兆纶一起说文俊的坏话。咸丰六年七月，廉兆纶说文俊乱用将领，还给营军设置了五花八门的名号。当然，带了坏消息的同时也要带好消息，讲坏话的同时也要讲好话，廉兆纶也有讲一点好话的，不过讲的是布政使耆龄的好话。

> 学政廉兆纶居河口，得专饶、信、军事，颇訾巡抚文俊杂用将领，营军名号繁多，而雅善布政使耆龄。

咸丰七年（1857）二月，曾国藩刚刚回老家守孝，福兴（穆尔察·福兴，晚清将领）就来了。福兴因为跟张国梁（晚清将领）关系不好而在咸丰六年被派去江西办军务，来到南昌。福兴上奏说江西的士兵不行，想要征兵。三月的时候，江西抚州等地的太平军打到了福建去，攻陷了福建两个县。皇帝不开心了，要你文俊何用！我给你工资就是让你把福建两个县给弄没的吗！后来文俊被罢免，耆龄上任。这个福兴，对文俊来说不是福星。

> 福兴还南昌，因上奏请征兵，颇言勇丁不可用。三月，抚、建寇东窥福建，陷光泽、邵武，张从龙等败退。诏夺官治罪，并罢文俊，以耆龄代之。

3.《曾国藩全集·奏稿》：两人关系还不错

咸丰六年正月，《曾国藩全集 · 奏稿》中提到咸丰皇帝在文俊还没赴任的时候就对他不满了。皇帝认为，江西南昌军事形势紧张，在防御方面也比较吃紧。文俊这个新任的巡抚怎么走了大半天还没赴任？给朕赶紧赶路，然后去跟曾国藩好好商量剿匪的事情，别拖拖拉拉的，从湖北到江西这段路才要多少时间……你就是故意拖延，别以为我不知道！

> 此时南昌省城逼进贼氛，一切守御事宜甚为吃重。新任巡抚文俊现抵何处？着即迅速赴任，与曾国藩妥筹剿办，毋再拖延。文俊自楚省赴江……实为故意耽延，勿谓朕见闻莫及也。

皇帝后来罢免文俊，可能跟当初文俊跑步太慢有关系。毕竟没有一个老板会喜欢迟到的员工。咸丰六年二月，《曾国藩年谱》说曾国藩与文俊的关系还不错，两个人讨论军事讨论得挺和谐的，意见能够统一，即“公与文俊公会商军事，意见甚叶（xié）”。“叶”即和洽的意思。

咸丰六年十一月，文俊还保荐了曾国藩的弟弟曾国华。如果两人关系如《清史稿》中描述的一样，文俊绝不会推荐曾国藩弟弟的。《曾国藩年谱》记载：“江西巡抚文俊公奏保曾国华以同知选用。均奉旨允准。”

从上述资料看，《曾国藩年谱》的可靠性较强。有些学者根据《清史稿》说两人关系不好，并不见得对。文俊虽然跟曾国藩之前没有交集，但是很可能吸取了前任巡抚陈启迈的教训，所以关系还可以。这也更合情理。

（三）耆龄

伊尔根觉罗·耆龄，字九峰，满洲正黄旗人。不管是《清史稿》还是《湘军志》，从两者的描述看来，可以说耆龄是“踩着”文俊上位的。咸丰七年，在廉兆纶的助攻下，耆龄当上了江西巡抚。这时，曾国藩在老家守孝。

1. 帮助曾国藩

耆龄帮助过曾国藩的弟弟曾国荃，并且对曾国荃很是看好。《清史稿》记载，咸丰七年夏天，太平军成群聚在了江西省吉安市，周凤山带领的清军节节败退，王珍、刘腾鸿两名将领的死亡更是让部队士气低下。耆龄上奏皇帝说让曾国荃去统领吉安的军队，才让部队士气重新高涨。

> 夏，贼麕聚吉安，周凤山军败溃。时王珍、刘腾鸿皆丧亡，士气衰沮。江西巡抚耆龄奏起国荃统吉安诸军，军复振。

2. 受曾国藩的夸奖

曾国藩本人对耆龄也是多加赞赏。咸丰七年闰五月，曾国藩在守孝期间给李元度（湘军将领）的信中对耆龄高度赞美，说耆龄的新政，改掉了过去巡抚的旧习气。即“耆中丞新政昭融，一改前此旧习。意者贵军有先否后喜之日，保举之案，必不待鄙人之至而后出奏”。从这句话来看，曾国藩认为文俊的政策是“旧习”，而更认可耆龄。

咸丰八年（1858）五月二十五日，在给胡林翼的信中，曾国藩提到，咸丰七年耆龄就请他复出，言辞恳切，还叫曾国藩密友刘蓉帮忙草拟奏章，太有诚意了。但是因为曾国藩总是不肯复出，耆龄才有些小意见。毕竟耆龄跟个老妈子一样唠叨了这么久曾国藩都不听，是个人都有点小脾气。曾国藩认为自己对不起耆龄，耆龄是没有对不起自己的。能让好友觉得自己没有对不起他的地方，耆龄也是曾国藩的真朋友了。

> 耆中丞去岁请国藩赴江，其辞甚挚，又请霞仙代渠草奏，其意甚诚。因仆固守不出，始变而恼怒。余自有歉于彼，彼固无歉于余也。

3. 欢迎老友归来

最终，曾国藩还是复出了，可能也有耆龄劝说的成分在。

复出之后的曾国藩虽没做两江总督，但也受到耆龄的欢迎。咸丰八年七月二十一日，曾国藩在给家人的信中提到耆龄还特地派了人来接他。感叹耆龄真是对自己用情至深！感情真是能够在点滴小事上体现出来。

《曾国藩全集·书信》记载："兄于十二日到湖口，曾发一信，不知何时可到？胡蔚之奉江西耆中丞之命，接我晋省……诸君子用情之厚，罕有伦比。"

4. 帮助曾国藩

曾国藩在咸丰五年年初到了江西，没人又没钱，江西巡抚又处处压制他，曾国藩过得太难了。到了咸丰八年八月，时任江西巡抚耆龄按着规矩来办事，双方合作得很愉快，人和万事兴，军事上办得也不错。

《清史稿》记载："国藩前于五年初至江西，兵饷俱困，地方官吏狎侮掣肘，事多艰阻。至是（咸丰八年八月），耆龄奉令惟谨，主客大和，军事日有起色。"

5. 与曾国藩产生隔阂

曾国藩在咸丰十一年（1861）四月初九写给杨载福的信

中提到，耆龄从江西被调到两广，怀疑是因曾国藩秘密弹劾了他，所以心有怀恨，以致于耆龄对曾国藩颇有意见。即“惟粤督劳公前此不甚相能，而耆中丞由江西调粤，疑鄙人有密劾之举，怀嫌尤深”。

（四）恽光宸

恽光宸，字濬生、浚生，江苏常州人。恽光宸与曾国藩早期是密友，两人关系不错，但是因为杀部下之仇，两人闹翻了脸。感情再密切也很难经得起人性的考验。

1. 早期关系密切

据《曾国藩全集·日记》记载，道光二十二年（1842）到咸丰二年（1852）间，恽光宸跟曾国藩关系密切，曾国藩散步时，没事就到恽光宸家里坐一会儿，两个人偶尔还约去喝个小酒、逛街买书、吃吃饭。

> 散步至恽浚生处，略坐，语不诚。
>
> 申初出门，赴恽浚生饮约，兼甲午团拜，酉正归。
>
> 请仓少平、恽浚生至琉璃厂买书。
>
> 未正，至湖广馆，公请恽濬生，申正三刻散。

2. 曾国藩韵事

曾国藩与恽光宸早期关系好，互相请到家里吃饭也是很正常的事，但是有一次曾国藩在恽光宸家里吃饭就丢了个大脸。道光年间的某年元宵节刚过，小曾与几个同事在恽浚生家吃饭。见到恽光宸漂亮的老婆，小曾马上行起注目礼，眼睛都看直了。人家走到哪里，他的眼珠就跟到哪里。惹得同事连连咳嗽提醒，险些把肺咳出来。

曾国藩回家后，越想越觉得丢脸，心里不禁暗暗检讨自己，在日记中写道："目屡邪视，直不是人，耻心丧尽，更问其他？"

3. 结下仇怨

咸丰五年六月十二日，曾国藩参了恽光宸一本，因为彭寿颐死了。而害死他的人除了上文提到的陈启迈外，还有一个就是当时江西的按察使恽光宸。手下爱将惨死，曾国藩也顾不上与恽光宸的往日情谊了。皇帝决定撤掉恽光宸按察使一职。

> 奉上谕……陈启迈着即革职，按察使恽光宸先行撤任，听候新任巡抚文俊查办。该抚到任后，着即将曾国藩所参各情节逐款严查，据实具奏，不得稍有徇隐。钦此。

咸丰五年七月，曾国藩的弹劾有了结果，皇帝说恽光宸严刑凌虐彭寿颐，不仅是非不分，而且属于有意要逢迎上司陈启迈，点出了恽光宸为了求荣竟不顾旧友曾国藩。

> 江西按察使恽光宸，于彭寿颐一案，不问曲直，将该举人严刑凌虐，亦属有意逢迎。陈启迈着即革职，恽光宸着先行撤任，均听候新任巡抚文俊查办。

后来，耆龄离职，恽光宸又被起复，当了几个月的巡抚还来不及和曾国藩交恶，就去世了。

（五）毓科

毓科，字又坪、右坪，满洲正蓝旗人。道光十三年（1833）进士，做过最大的官就是江西巡抚了。咸丰十年（1860）到十一年，别人做巡抚大多是风风光光的，他任江西巡抚的期间却是被怼得很惨。在这几任江西巡抚中，毓科是与曾国藩的感情最稳定的。

1. 心大

毓科可能对治安比较放心，巡抚衙门竟然没有士兵守卫，看得曾国藩很是担心，赶紧写信提醒好友。科哥啊，你都不雇一些保镖。你要知道咸丰四年（1854），湖南那边衙门就有闹事的，六年冬天，江西这边的衙门闹了两次，都是我亲眼看到的，你可小心点。南京的兵还直接跑到官老爷房间里面抢东西，安徽的兵还直接打人了，江西和湖南这种事发生的最多。你一定要好好挑选，找个好的将领带着他们，每天都要操练。曾国藩还给毓科提了很多建议，字里行间无不透露出对毓科的浓浓关心。

> 贵署无护卫之兵，咸丰四年，湖南抚署有众兵拥闹之案。六年冬间，江西抚署拥闹两次，皆弟目所亲见，实属不成事体。至金陵兵之拥入向帅帐内，抢劫银物；安徽兵之驱迫福中丞，殴打毕方伯，则视江西、湖南为尤甚，堪为发指。鄙意欲请贵署挑护卫兵若干人，即在抚协三营内挑选，择一好将官带之，日日操演。

2. 被弹劾

毓科这人比较木讷，当巡抚的第二年就被人弹劾了两次。《清史稿》记载，咸丰十一年，宋晋（时任工部侍郎）上疏给皇帝说，江西这个地方很受太平军的威胁，巡抚毓科、布政使庆善都太让人失望了。言下之意就是毓科很没用，所以宋晋赶紧问皇帝要人来帮忙。

（咸丰）十一年，宋晋疏言……江西首当贼冲，巡抚毓科、布政使庆善皆失人望，请以太常寺卿左宗棠简署巡抚，而于督粮道李桓、前广饶道沈葆桢、浙江道员史致谔三人中简择擢授藩司。

毓科被弹劾之后，单懋谦（时任工部侍郎，不久后任左都御史）还补了一刀，不过说话倒是挺客气，说他不善于随机应变。虽然意思也是在说毓科没能力。

（咸丰）十一年，巡抚毓科、布政使庆廉为言官论劾，命懋谦按之，（单懋谦）疏言："毓科非应变之才，适当贼扰，省防尤重。本境兵勇不敷调遣，办理未能悉合机宜。"

《道咸宦海见闻录》记载，张集馨去江西做布政使的时候，说毓科人很和善又老成，可惜没什么才华。还说毓科在官大一点的、旧上司和嚣张跋扈的人面前都不敢干什么，所以处处受制，不能施展才华。张集馨刚上任就说领导毓科的坏话，实在是太坏了。

又坪，本楚翘先生之子，向称世叔，人极和平老成，惜乎才短，复为曾涤生所制；其邻邦督、抚，资如官相、胡咏之皆久经外任，骆吁门系旧上司，王雪轩霸道跋扈，气焰凌轹，又坪皆莫敢撄，是以四面挤促，一无施展。

张集馨作为大清首席吐槽官，还说毓科连下属都怕，真是太不给人面子了。即“普承尧者，云南武进士，外用入营，在江省带勇六千名堵御建德……平日妄自尊大，州县谒见台座不起。毓又坪中丞畏其凶悍，时切隐忧”。

3. 愉快共事

毓科卸任时，应该是同治元年（1862）年初。曾国藩写信给毓中丞询问了他什么时候走，又感谢他在当江西巡抚的两年期间对他的关爱，还表达了自己不能去送别的惋惜。

> 无缘执别，惟冀长途珍卫，重践清班，少息六月之鹏，仍翔九霄之凤。诸希心鉴。

（六）沈葆桢

曾国藩与沈葆桢的关系并不好。其实，曾国藩之所以超常提拔沈葆桢，主要是欣赏他在广信战斗中的英勇气魄，出于大公无私的角度提拔他。曾国藩与沈葆桢认识的时间并不长，双方性格不合。沈葆桢是林则徐的外甥，一直把刚毅的林则徐作为楷模，从小就傲气刚直。而曾国藩性格宽厚，师承林则徐的对手——主和派穆彰阿。由于三观不同，即使曾国藩提拔了沈葆桢，沈葆桢并没有感恩。

（七）结语

总的来说，没有担任两江总督之前，曾国藩客军虚悬江西省，一共经历过陈启迈、文俊、耆龄、恽光宸四届巡抚。其中，与耆龄关系最好，与陈启迈关系最差。在担任两江总督之后，曾国藩与毓科关系好，与沈葆桢关系不好。这说明，遇到事情的时候，老熟人老同学有时并不可靠，陈启迈、恽浚生都是曾国藩的老熟人，但他们不可靠；自己对他有恩也不可靠，曾国藩对沈葆桢有天大的恩情，但沈葆桢却是那么无情。那些个性突出、主见太强又固执的人，在重大利益面前往往容易成为你的敌人；而个性不张扬的人，比如毓科，一般不会与人交恶，但他可能也不善管理，下属张集馨和李桓就都接连惹恼了曾国藩。那些有个性，并且在很多事情上与你行动一致的人，比如耆龄，会是最好的朋友。曾国藩与江西官场关系最好的阶段就是耆龄做巡抚的时期。

王阳明认为："人须在事上磨，方立得住，方能'静亦定，动亦定'。"他讲的是如何修炼一颗不动心。其实，感情和友谊也是如此，不是喝酒喝出来的，而是在事上磨出来的。什么叫“同志”？就是在事情上有共同的志向、取向、行动的人，这样的人才是真正的可靠的朋友！

后 记

——曾国藩的朋友圈带给后人的启迪

随着社会分工越来越精细，除了科学、艺术等个人色彩较强的领域，在商业、政治等领域，个人的成功往往需要多方面朋友的合作支持。曾国藩的朋友圈给当代的人们以无限启迪：在把握大原则的前提下，成功者往往能够团结一切可以团结的朋友，忽略小节，为了共同的目标而努力。

> 我们想的是如何养生，如何聚财，如何加固屋顶，如何备齐衣衫；而聪明人考虑的却是怎样选择最宝贵的东西——朋友。
>
> ——爱默生

曾国藩一生交友广泛，有工作上的朋友，也有业余生活的朋友；有官场上的朋友，也有战场上的朋友；有一起探讨学问的儒学家，也有数学家、翻译家以及医生等科技工作者；有为他出生入死的朋友，也有帮他看祖坟风水的朋友，还有利用他攀缘权贵的朋友。总之，曾国藩的朋友圈具有以下特点：

第一，有能力强大的核心盟友。

胡林翼身居高位，知恩图报，是曾国藩走向两江总督高位的关键人物，也是湘军集团的领袖级人物。他和曾国藩相互帮助，相互“备份”。如果曾国藩先去世了，那么后来成就大功的人必是胡林翼。

塔齐布对曾国藩的命令坚决执行，他吃苦耐劳，打仗时勇猛果敢，战争的场景堪比好莱坞动作大片，“大勇却慈祥”，是湘军早期最重要的副手。

彭玉麟出身寒微，早年做过书记员，也跳过大神，但打仗时放得一手好火，最重要的是对曾大帅忠心耿耿。要致富，先修路，他的水军通过控制长江水路保障了湘军的后勤补给。曾国藩赞美他“艰苦耐劳，有古烈士风”。

李鸿章在后期加入湘军集团，是曾国藩的最核心盟友，他处处维护曾家的利益，可以看作曾国藩的接班人。李鸿章善于聊天，文笔流畅，性格果断，获得了曾国藩的高度评价：“才大心细，劲气内敛。”

以上这类核心盟友，处处为朋友考虑，是曾国藩最紧密的团结对象。不过，这类朋友不可多得，在日常生活中，曾国藩接触更多的是业务上的盟友。

第二，有工作上的业务盟友。

罗泽南在军事上冷静有主见。虽然在感情上他与曾国藩并不亲密，起初也并不愿意归入曾国藩麾下，但他毕竟是个有高尚道德情操的理学家，在战场上屡战屡胜。因此当他后来离开曾国藩去救援武昌时，曾国藩并没有心生怨恨，反而给予兵力资助。因为时时挂念着曾国藩的安危，急于攻下城池的罗泽南最终牺牲在武昌城外。

接替罗泽南的是又一个王牌将军李续宾。李续宾和罗泽南都是深受心学影响的理学门徒，做事淡定不慌张，并有高尚的道德情操。曾国藩说："军中每言肯携带弱兵，肯临阵救人者，前惟塔齐布，后惟续宾。"

多隆阿在军事上的战斗力仅次于李续宾，"材智胆略冠绝群雄"。爱出风头的多隆阿并非汉人，对读书人还有偏见。不过也正是他，让湘军在李续宾三河镇全军覆没后重新振作了士气。

鲍超的战斗力仅次于多隆阿。他目不识丁，率领的部队军纪最差，日常爱好是骚扰老百姓，抢劫财物，是湘军中纪律最差的一届。曾国藩多次说起鲍超"纪律不甚严明"。要不是处于非常的战争时期，曾国藩可能根本不会垂青他。

杨载福是曾国藩一手提拔的水师统领，曾国藩称赞他"廉明爱士、胆力坚定"。不过这位老兄太爱请假，是将才而非帅才，他被提拔为陕甘总督后又被处分降级。后来无官无职的他在家休长假，直至中法战争期间才再次出山。

刘铭传是太平天国灭亡之后湘、淮军的主力战将。曾国藩很看好他，但是刘铭传认定的人是李鸿章，与曾国藩仅仅是工作关系。

毓科、耆龄这两任江西巡抚并非汉人，与作为曾国藩同学、老乡的陈启迈相比，对曾国藩却和善得多。

这些朋友对开展工作非常重要，但又各有缺点，可以说人人都是一把“双刃剑”，就看领导怎么用。

第三，有身怀才艺的外围朋友。

刘蓉、郭嵩焘与曾国藩认识时间早，关系亲密，没有很强的利益关系，相处得很舒服，“日日怀刘子，时时忆郭生”。刘蓉爱读书，善于出谋划策，早期在曾国藩的幕府中，后来主要协助湖南巡抚骆秉章。刘蓉荣升陕西巡抚后却被疯狂弹劾，因为他这种军师型人才实在不适合领导他人。郭嵩焘是喜欢撮合别人的“媒婆”型人物，曾经把江忠源介绍给曾国藩，还到京城疏通关系救了左宗棠一命。

江忠源重感情、讲义气，又有组织领导力。曾国藩对他的预言很准确，“必立功名于天下，然当以节义死”。

精通医理的欧阳兆熊也很讲义气，在曾国藩生病时除了给予他老母亲般的关怀外，还能了解曾国藩的心病，医得了心医得了身。

赵烈文是曾国藩晚年关系最好的幕僚，他们无话不谈，还讨论过清朝的大盘走势。曾国藩向皇帝称赞他“博览群书，留心时务”。

容闳是中国第一个毕业于美国耶鲁大学的“海归”，作为曾国藩的幕僚，他参与创建了中国近代第一座先进的机器制造厂——江南机器制造总局，并组织了第一批官费赴美留学的幼童。曾国藩说他“熟习泰西各国语言文字，往来花旗最久，颇有胆识”。

周腾虎一度是曾国藩幕府中的红人。曾国藩对他的工作能力非常欣赏，曾在日记中写道：“周弢甫颇习夷务，所言亦晓畅事理。”曾国藩还向皇帝称赞他“疏通知远，识趣闳深”。

数学家李善兰、华蘅芳，化学家徐寿都是曾国藩的幕僚，在制造军械和洋务运动中起到了重要作用。

与这样一帮拥有十八般才能的朋友在一起，可以得到许多收获。不过，有些能力强的朋友还真是不好交。

第四，有能力出众、桀骜不驯的朋友。

左宗棠走上历史舞台显山露水，从曾国藩推荐他任浙江巡抚开始，然而为人自负且敏感的左宗棠对曾国藩除了敬佩，更多的是忌妒，并无丝毫感恩之心。

林则徐的女婿沈葆桢从小自傲孤僻，在江西坚守广信城的事情体现了其面对敌人时坚强不屈的精神。曾国藩欣赏他的精神，因此越级推荐他担任江西巡抚。没想到，上位后的沈葆桢面对自己的恩人也“坚强不屈”，屡屡对曾国藩使用“兵粮寸断”的大招，被曾国藩批为“绝无良心科”第一名。左宗棠与沈葆桢都是曾国藩心头的疙瘩：“余于左、沈二公之以怨报德，此中诚不能无芥蒂。”

这些朋友能力出众但也桀骜不驯，最担心的是冷不丁在背后来一刀！有时候给予自己帮助的反而是那些不常联系的朋友。

第五，有不可忽视的弱联系朋友。

易作梅与曾国藩一生可能就见过一面，但是易作梅曾借给举人曾国藩一百两银子，让他有了回家的路费和买书的钱，对他考中进士有很大帮助。

肃顺与曾国藩平时交流不多，在北京的时候属于“点赞之交”，离开了北京也没通信往来，但是向皇帝推荐曾国藩担任两江总督的正是肃顺。

如果没有陕西巡抚李星沅，体弱多病的曾国藩在道光二十三年去四川担任主考官的路上就“挂”了。作为翰林院小官的曾国藩曾经拍李星沅的马屁，“老前辈闳达精能”，两人还曾彻夜讨论天下大势。

弱联系也会有强影响，平时不怎么联系的朋友有时能帮到自己的大忙，带来惊喜。

虽然说相遇便是缘，相逢即是友，但是曾国藩也是有原则的，他不与两类人为伍。

第一类人，不忠不义的人。

曾国藩对这一点的执着甚至到了有些“过敏”的地步。有次吃饭时，曾国藩看到来投靠他的老乡将饭粒中的秕谷挑出来，怀疑此人容易见异思迁，直接打发他回去。

曾国藩反感不忠诚的人，也反感别人诬陷他不忠。左宗棠指着鼻子骂他他忍了，但是同治三年左宗棠在皇帝面前告他用假情报欺君就不能忍了，两人因此不再联系。

第二类人，不肯做事甚至临阵脱逃的人。

曾国藩曾以“畏葸无能”弹劾了筹饷不力的张集馨，张集馨回家后写了本《道咸宦海见闻录》骂曾国藩，流传至今。

李元度在湘军初创时期就伴在曾国藩左右，甚至还救过曾国藩，可是曾国藩却弹劾了他，因为李元度在徽州临阵脱逃之后未回大本营。虽然曾国藩事后觉得自己有点小过分，但也说明曾国藩对临阵脱逃行为的厌恶。

翁同书也犯了与李元度一样的错，在安徽省定远县被攻陷的时候，他弃城而逃，曾国藩弹劾他“廉耻丧尽，恬不为怪”。因为这个弹劾的奏章是李鸿章主笔，所以李鸿章和翁同书的弟弟翁同和结下了梁子，成了背锅侠。

对曾国藩的历史评价中，有“拙和”一词。“和”字充分体现在曾国藩的朋友圈中。总体而言，曾国藩宽容友爱，也善于吸取别人的优点，用他自己的话说是“与人为善，取人为善”。湘军集团人才辈出，个个都不是省油的灯，也都有几把刷子，在风雨飘摇的晚清，要带领这些人并不容易。正是因为有了曾国藩这个“黏合剂”，湘军才成为一个整体完成了“抗太大业”（抗击太平天国运动）。相信曾国藩为人处世的经验会对现代职场上的人们有极大的启迪意义。